Lour

1950 yılında Filipi Tomas Üniversitesinden tıbbi teknoloji dalında lisans derecesiyle mezun oldu. Sanat, güzellik ve manevi gelişim konularında çalışmalar yaptı. '80'li yılların başında Üstad "Osho" Bhagwan Shree Rashneesh'nin talebesi olan hocadan Yoga, Doğal Taşlar ve Kristallerle Şifa çalışmaları üzerine eğitim aldı. '70'lerin sonundan 80'lerin sonuna kadar bir çiçekçi dükkânı ve butik işletti, dekoratör olarak çalıştı. '90'larda önce New York'un Manhattan semtinde çiçekçi dükkânı işletti ve iç dekorasyon üzerine çalıştı. Sonra Florida, Orlando'daki prestijli bir butikte moda koordinatörlüğü yaptı. Aynı dönemde prestijli bir mücevher dükkânında çalışarak değerli ve yarı-değerli taşlar üzerine bilgi ve deneyim kazandı. '90'lı yıllardan itibaren Yoga Uzmanı Üstad Adnan Ananda Siddviho Çabuk'un eğitmenliğinde Hatha Yoga, Kundalini Yoga ve Kriya Yoga alanlarında deneyim kazandı. Yine üstadın teşvikiyle yaşlanma belirtilerini geciktirme ve doğal güzellik konularında araştırma ve çalışmalarda bulundu. Güzellik-Gençlik & Yüz Yogası programı, bu çalışmaların sonucu doğdu. 2000 yılından beri Nişantaşı YAASC Siddashram Yoga Merkezinde Hatha ve Kriya Yoga ile Güzellik-Gençlik & Yüz Yogasının bilgilerini paylaşıyor. Üstad Yogi Adnan Ananda Siddviho'ya asistanlık yapıyor.

YAASC Siddashram Yoga Merkezi
İstanbul, Alanya-Türkiye

Mevcudiyetimiz yasemin kokusu gibi olsun
Serin bir bahar esintisi gibi keyifli…
Pamuk tarlasındaki çiçekler gibi yumuşak,
Bütün varlıkların aşağısındaki su gibi mütevazı,
Ve nehir yatağındaki taşlardan bile daha kuvvetli…

Lourdes J. D. Çabuk

GÜZELLİK-GENÇLİK & YÜZ YOGASI

Lourdes Julian Doplito Çabuk

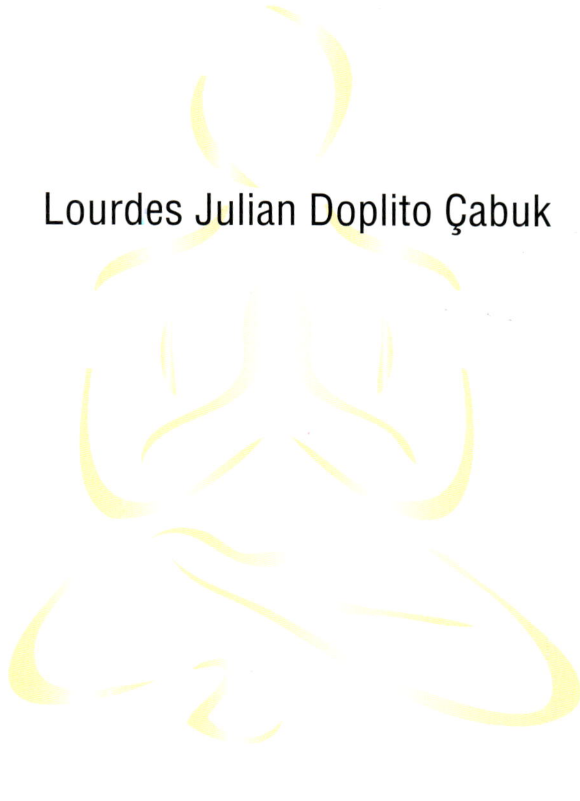

İçindekiler

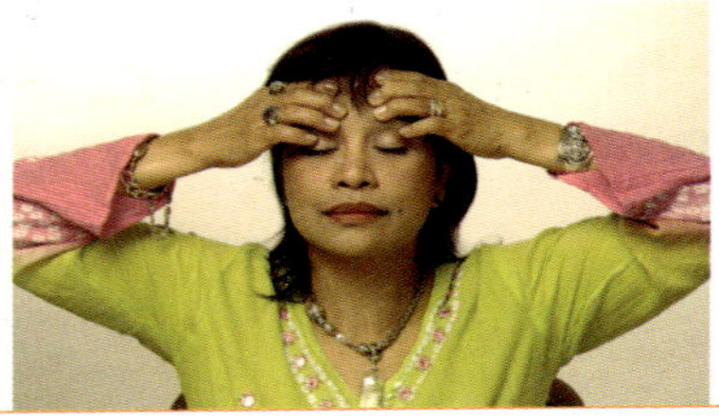

Yoga Hakkında Birkaç Söz 7

Teşekkür ve İthaf 10

Güzellik-Gençlik & Yüz Yogası 11

I. Yüz Egzersizleri 15

- Alın Masajı 16
- Kaş Kaldırma Tekniği 18
- Alın Çizgileri 20
- Gırtlak Adalesi 24
- Gülme Çizgileri 26
- Düşünce Çizgileri 28
- Yüz Ana Adalesi 30
- Göz Ana Adalesi 32
- Ağız Ana Adalesi (I) 34
- Yanakların Sarkması 36
- Kalem Çevirme 38
- Kaşık Kaldırma 40
- Ağız Ana Adalesi (II) 42
- Alt Yüz Adaleleri 46
- Göz Adaleleri 48
- Göz Kenarlarındaki Kırışıklıklar 50
- Balon Şişirme 54

II. Güzellik Yogası Nedir? 57

- Günlük Egzersiz Programı 61
- Nefes Egzersizleri 63
- Doğru Nefes Alma Nedir? 64
- Yoga Nefesinin Faydaları 65
- Karından Göğüse 3 Derin Nefes 66
- Yan Körük Nefesi 68

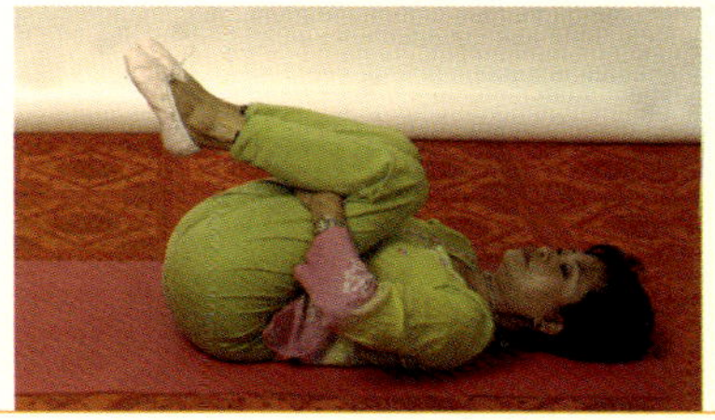

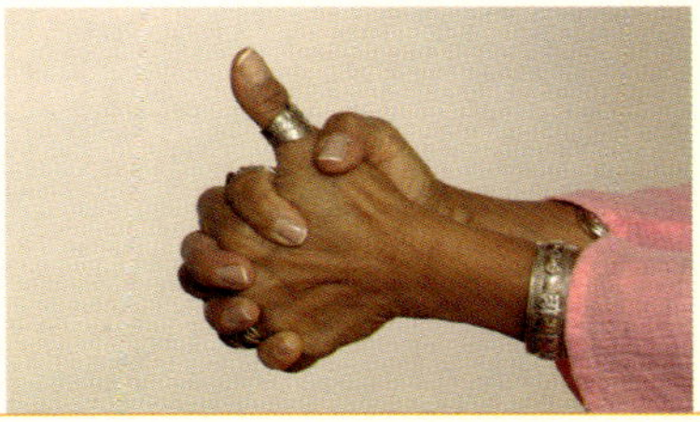

III. Bağırsak Egzersizleri 71

Sağlığınız Ve Güzelliğiniz İçin Bağırsak arınızı Çalıştırın 73

IV. Omurilik Egzersizleri 85

Omuriliğinizi Çalıştırın 87

Boyun 88

Sırt 90

Kalça 92

Kalkış 94

V. Güzellik-Gençlik & Yüz Yogası Gelişim Programı 96

VI. Gençlik Yogası 97

Kanguru Duruşu 100

Kedi Duruşu 102

Çifte Atma 104

Köpek Duruşu 106

Bebek Yürüyüşü 108

Yarım Köprü Duruşu 110

Kanat Çırpma 112

VII. Güneş ve Aya Selam (Surya Namaskar) 115

Dinlenme Pozisyonu (Shavasana) 124

Meditasyon Öncesi Nefes (Pranayam) 126

VIII. Meditasyon 126

IX. Şifa Veren El Pozisyonları: Mudralar 129

X. Doğru Beslenme 135

kaknüs yayınları: 367
aile kitaplığı: 11

isbn: 978-975-256-162-5

I. basım;
şubat 2008, istanbul

kitabın adı: güzellik-gençlik & yüz yogası
yazarı: lourdes julian doplito çabuk

fotoğraflar: mehmet acar, feza acar
yüz kası çizimleri: andras szunyoghy
yayına hazırlayan: seda darcan çiftçi
tasarım: hatice dursun
teknik hazırlık: hatice dursun
baskı ve cilt: milsan

kaknüs yayınları
kızkulesi yayıncılık ve tanıtım hiz.
merkez: selman ağa mah., selami ali efendi cad.,
no: 11, üsküdar, istanbul
tel: (0 216) 341 08 65 - 492 59 74/75 faks: 334 61 48
dağıtım: çatalçeşme sk., defne han, no: 27/3,
cağaloğlu, istanbul
tel: (0 212) 520 49 27 faks: 520 49 28
www.kaknus.com.tr e-posta: info@kaknus.com.tr

YOGA HAKKINDA BİRKAÇ SÖZ

Piyasada yogayla ilgili birçok kitap var. Bir yerden başlamak için, bu kitaplardan sadece birini seçmenizi öneririm. Hangi kitabı, hangi yoga akımını veya hangi tarzı seçtiğinizin bir önemi yok çünkü bana göre hepsi aynı kapıya çıkıyor. Önemli olan tek şey, sizin yogaya ilgi duyuyor olmanız. Birçok kitap, sayısız bilgi ve çeşit çeşit yoga hocası bulabilirsiniz. Ancak bütün bunların sizi sırtlayıp egzersizleri sizin adınıza yapacağını sanmayın. Bunlar sadece önünüzde bir kapı açacak ve kendinizi gerçekleştirmeye, daha doğrusu kendinizi keşfetmeye giden yolu bulmanız için size ışık tutacaktır.

Bir kişinin veya bir şeylerin size enerji bahşederek sizi aydınlanmaya götürmesini ümit etmeyin. İçinizdeki enerjiyi uyandıracak ya da artıracak güç, doğada mevcuttur. Öte yandan vücut enerjimizin çevremizdeki varlıklardan etkilendiği de bir gerçektir. Öyle ya, dünyadaki bütün varlıklar, küçücük atomların bir araya gelmesinden oluşan moleküllerden yapılmıştır. Varlıkları oluşturan bu küçücük atomlar, gözle göremediğimiz bağlarla birbirine bağlıdır. İçinde yaşadığımız bu varlıklar âlemi, âdeta kocaman bir ağ gibidir.

Vücudumuzda her an yeni hücreler gelişir, aynı zamanda kimi hücreler yaşlanır ve ölür. Hücrelerimiz de küçücük atomlardan oluşmuştur. Atomlara hayat veren ise sürekli hareket halindeki enerjidir. İnsan vücudu sürekli kendini yenileyen, canlı hücrelerden ibaret olduğuna göre; yaşlanmayı durdurmak anlamına gelen "anti-aging" ifadesi, bence gerçeklerle bağdaşmaz. En azından içinde bulunduğumuz çağda ve zamanda, yaşlanmayı durdurmak mümkün değildir. Bazı bilim adamları insanın "olduğu gibi kalmasını" sağlayacak formüller üzerinde çalışmaktalar. Böylece gelecekte, dışa yansıyan görüntümüzün değişmemesi söz konusu olabilir. Fakat şu an için, yaşlanmayı durdurmak yerine, yaşlanma belirtilerini geciktirmekten söz etmenin daha yerinde olacağını düşünüyorum.

Erken yaşlanmanın başlıca nedeni strestir. Günümüz teknolojisinin beraberinde getirdiği hızlı yaşam tarzını ve içinde bulunduğumuz tüketim toplumunu bir düşünün. Stres her birimizi tehdit ediyor. Kimimiz stresli bir yaşamımız olduğunun bilincindeyizdir. Kimimiz ise bilinç altında stresin etkisindeyiz.

Peki yaşamımızdaki gizli veya açık stres kaynaklarıyla başa çıkmak için ne yapmalıyız? Öncelikle kendi kendimizden hoşnut olmalıyız. Önce kendi içimizde huzur bulmalı ve dışarıya huzur yansıtmaya başlamalıyız. Böylelikle yaşamın getirdiği zorlukları göğüsleyebilmemiz çok daha kolaylaşacaktır.

İşte Güzellik-Gençlik & Yüz Yogası programı, tam da bu amaca hizmet etmek için doğdu. Güzellik Yogası sayesinde fiziksel, zihinsel ve ruhsal açıdan kendinizden hoşnut olmayı başarabilirsiniz. Bu güçle, yaşamın stres yaratan zorluklarıyla çok daha kolay başa çıkabilirsiniz. Doğu'da binlerce yıldır uygulanan yoga tecrübesiyle güçlenebilirsiniz.

Yoga sadece vücudun eğilip büküldüğü akrobatik hareketler veya kusursuz pozisyonlar değildir. Yoga pozisyonlarının ilk defa nasıl ortaya çıktığını biliyor musunuz? Henüz kitapların var olmadığı binlerce yıl önce yogiler, rişiler ve sadular; bir çeşit vücut bilimi diye nitelendirebileceğimiz yoga öğretisini nasıl hayata geçirdiler, hiç düşündünüz mü? Bu mütevazı, bilge insanlar; kendilerini gerçekleştirme ve kâinatla bütünleşme idealiyle saatlerce, günlerce, hatta aylarca meditasyon yapıyorlardı. Aydınlanmaya giden yolun başındayken sağlıklı bir vücuda ihtiyaçları vardı. Kan dolaşımları güçlü olmalı, iç organları iyi çalışmalıydı. İçgüdüleri onlara kol ve bacaklarını esnetip bükmeyi, yere uzanmayı ve örneğin, kedi pozisyonu almayı söyledi. İşte yoga pozisyonları bu şekilde doğdu. Yoga pozisyonlarını yapmak isteyen herkese, öncelikle sükûnet içinde nefes alıp vermelerini, sonra da "vücutlarının kendilerine ne fısıldadığına" kulak vermelerini öneriyorum. Vücudun yapısı, ihtiyaçları, yapabilecekleri ve yapamayacakları, her birimizde farklı farklıdır. Uyguladığınız yoga pozisyonunun adının ne olduğu veya vücudunuzu ne kadar eğip bükebildiğiniz önemli değildir. Önemli olan, kendinizi tanımanız, vücudunuzun ne durumda olduğunu, yani kapasitenizi bilmeniz ve aşırıya kaçmamanızdır.

Yoga ne vejeteryanlıktır ne de akrobatlık. Hele bir din, hiç değildir. Yoga geleneği asla bir din olma iddiası taşımaz; sadece kâinattaki bütün varlıklara karşı sorumluluk sahibi olmamızı aşılar. İnsan olmayı öğretir. Aslında yoga, yaşamanın ve ölmenin bilimi gibidir.

Üstatlarının deyimiyle yoga, kâinatla bütünleşmenin yolunu gösterir. Bütün bilgilerin üstündeki hakiki bilinç hâlini vurgular. Kendini tanımayı öğretir. Fiziksel, zihinsel ve ruhsal açıdan kendimizi tanımamızı sağlar. Kendimize ve çevremize nasıl tepki verdiğimizin farkına varmamızı sağlar. Aslında bizi kuşatan dünyayla aramızda bir fark yoktur. Ayrılık söz konusu değildir. Bize farklı olduğumuzu düşündüren ve her şeye farklı bir kimlik veren, koca bir yanılsamadan başka bir şey değildir. Örneğin cansız varlık diye bir şey söz konusu değildir çünkü her varlıkta hareket vardır, enerji vardır. Yaşam enerjidir, insan da dahil her şey enerjidir. Enerji güçtür. Enerji ışıktır, sestir, sıcaklıktır, soğukluktur. Yogayla içimizdeki enerjiyi keşfedebiliriz. Kendimize ve bütün kâinata fayda sağlayacak ölçüde güç kazanabiliriz çünkü hepimiz Yaratıcımızın sıfatlarını taşıyoruz.

Sizi bu sıfatlarınızla saygıyla selamlıyorum.

Lourdes J. D. Çabuk

TEŞEKKÜR ve İTHAF

Öncelikle, bana bahşettiği bütün lütuf ve nimetler için Tanrı'ya şükranlarımı sunuyorum.

Bu kitabı beni dünyaya getiren ve sevgiyle büyüten annemle babam Loretta ve Manuel Doplito'ya ithaf ediyorum. Bu vesileyle dünyadaki bütün anne ve babaların önünde saygıyla eğiliyorum. Evlatlarını binbir zahmet ve emekle yetiştirirken, tek arzuları onların mutlu ve başarılı olmasıdır.

Hayattaki gurur ve mutluluk kaynağım olan sevgili çocuklarım Marilyn "Aileen"& Edwin, Elizabeth "Bette"& Tony, Maria "Meloy"& Julio ve Jesus "Tres"'e; bana huzur ve neşe veren, harika torunlarım Winona, Mico, Miyo, Jezie, Ren & Milo'ya; hakikate giden yolda bana rehberlik eden saygıdeğer öğretmenim, aynı zamanda bana her zaman ilgi ve sevgiyle destek olan hayat arkadaşım, kocam Adnan "Ananda" Siddviho Çabuk'a; kitabımı en iyi şekilde yayına hazırlayan editörüm Seda Darcan Çiftçi'ye ve bu projenin hayata geçmesinde değerli katkılarda bulunan Muhammet Çiftçi'ye; saatler süren fotoğraf çekimlerinde sabır, tecrübe ve yeteneklerini esirgemeyen fotoğraf sanatçısı dostlarım Mehmet ve Feza Acar'a; grafik uygulamasını en mükemmel şekilde gerçekleştirmek için büyük gayret sarf eden, başta Hatice Dursun olmak üzere Kaknüs Yayınlarının bütün çalışanlarına; Güzellik & Gençlik Yogası'nı öğrenen ve düzenli olarak uygulayıp faydasını gören, böylelikle bu kitabı hazırlayarak bildiklerimi bütün dünyayla paylaşmam için bana ilham kaynağı olan bütün öğrencilerime teşekkürü borç bilirim.

Etiniz kemiğiniz sevgi olsun
Aldığınız her nefes sevgiyle dolsun
Sarıp sarmalasın bütün varlığınızı sevgi
Muhabbetle süslesin benliğinizi
Bilin ki barış ve huzura götüren tek yoldur sevgi.

Lourdes J. D. Çabuk

GÜZELLİK-GENÇLİK & YÜZ YOGASI

Aslında bir insanın güzelliği, içindeki enerjinin dışavurumudur; dışa vuran fakat gözle görülmeyen bu enerjinin bir yansımasından ibarettir. Dolayısıyla kişinin güzelliği, görünmez (içkin) enerjisinin yoğunlaşarak materyal, yani görünen bir şekle bürünmesidir, diyebiliriz. Elbette ki bu noktada duyguların da büyük bir rol oynadığını belirtmek gerek. Güzellik; insanın bilinçaltı düzeyde "algılayışının", karakter ve alışkanlıklarının, aralıksız süre giden somutlaşma sürecidir, diyebiliriz.

GÜZELLİK YOGASI, size kendi kendinizin farkında olmanızı öğreten bilgi ve uygulamalara dayanan bir sistemdir. Fiziksel, zihinsel, ruhsal ve duygusal sağlığınızı, içinde bulunduğunuz durumun farkında olarak, bilinçli bir şekilde geliştirmenizi; böylece mükemmele yakın bir yaşam tarzını benimsemenizi hedefler. Nihai hedef, kendi potansiyelinizi sonuna kadar gerçekleştirebilmenizdir.

Unutmayın! Güzellik bir görüntüden ibaret değildir. Yüzeysel düzeyde kendimizi ne kadar güzelleştirmeye çalışırsak çalışalım, ancak içimizi de güzelleştirmek için gayret gösterirsek tatmin edici ve kalıcı sonuçlar elde edebiliriz.

Doğal olarak gençlik, güzellik demektir ve yaşlandıkça güzelliğimizi muhafaza etmek gittikçe zorlaşır. Güzelleşmek başlı başına bir sanattır. Bu sanatı başarmak için kendimizi birçok düzeyde tanımamız gerekir. Öte yandan, çevre şartlarının görünüşümüzü ve genel olarak nasıl bir yaşam sürdürdüğümüzü büyük ölçüde etkilediğinin farkında olmamız gerekir.

GÜZELLİK YOGASI geçici bir moda değildir, birkaç saat içinde öğrenilebilecek yüz ve vücut hareketleri dizisi hiç değildir. Sizi sağlıklı bir şekilde gençleştiren bir yaşam biçimidir. Bu yaşam biçimi, yaşadığınız sürece genç ve sağlıklı görünmenizi sağlar.

GÜZELLİK YOGASI, yaşamınızı 360 derecelik bir açıyla kuşatan bir çalışmadır. Buna rağmen biliyorum ki sizler öncelikle yüzünüzdeki sarkma ve kırışıklıklara bir çare bulmak istiyorsunuz. Ben de bu kitabın ilk sayfalarında, yüz yogasıyla ilgili bilgileri sizlerle paylaşacağım. Yüz hareketlerini yapmayı öğrendikten sonra, takip eden sayfaları da okuyun lütfen. Unutmayın, istediğiniz neticeyi almak için, GÜZELLİK YOGASI'nı bir sistem olarak, bütünüyle öğrenmeniz gerek.

Yaşlanmak durdurulamaz, ancak yıpranmadan doğal bir şekilde olgunlaşmak mümkünüdür.

Lourdes J. D. Çabuk

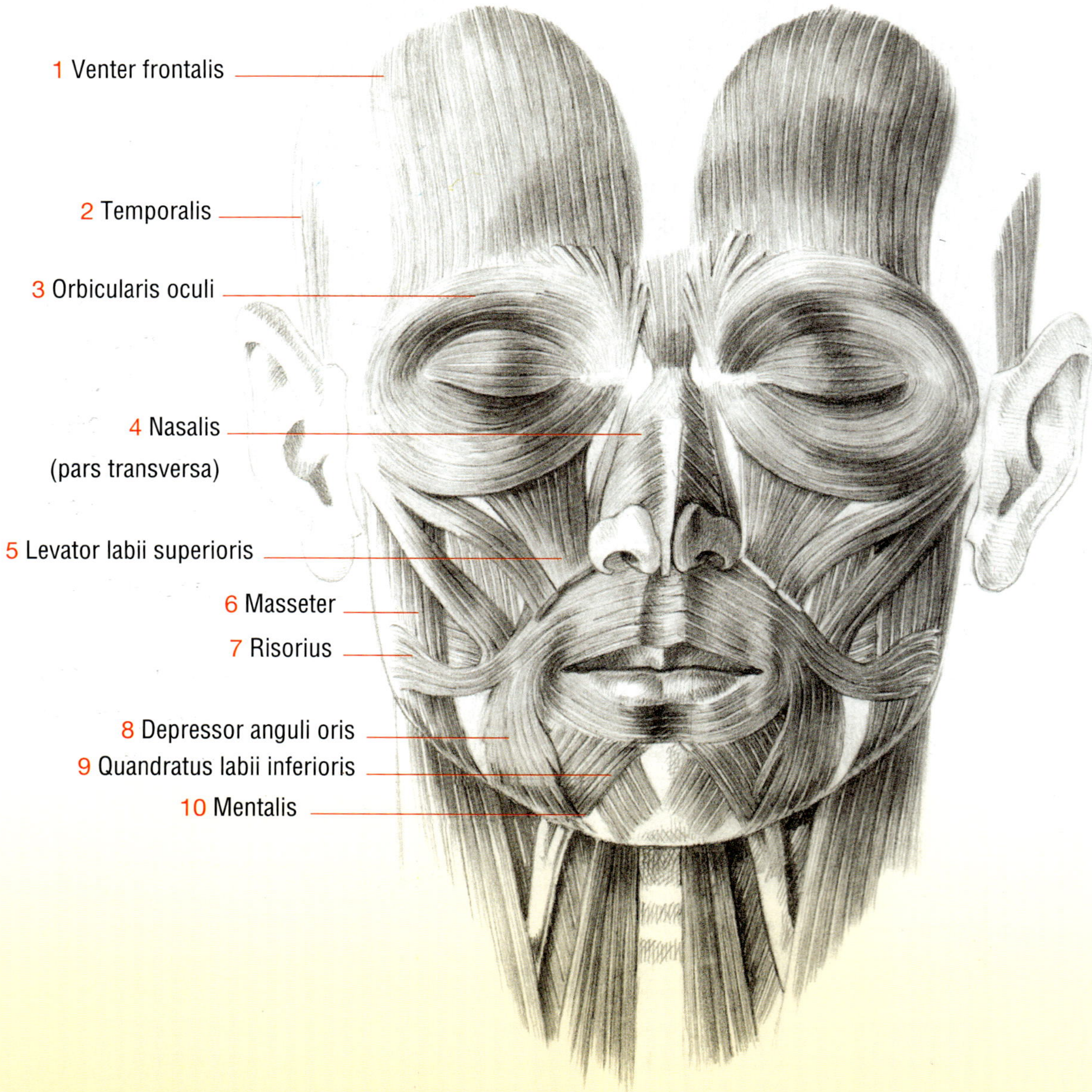
1 Venter frontalis
2 Temporalis
3 Orbicularis oculi
4 Nasalis
(pars transversa)
5 Levator labii superioris
6 Masseter
7 Risorius
8 Depressor anguli oris
9 Quandratus labii inferioris
10 Mentalis

YÜZ EGZERSİZLERİ

DİKKAT

Bütün yüz ve vücut hareketlerini yaparken doğru nefes alıp vermeye özen gösterin. Nefesin yaşam kaynağımız olduğunu aklınızdan çıkarmayın. Vücudumuzun bütün hücreleri, özellikle de yüz kaslarımız oksijene ihtiyaç duyar. Yeterli oksijen almazsanız, uyguladığınız hareketlerin faydasını göremezsiniz. Hareketlere başlamadan önce kitabın "Nefes Egzersizleri" bölümünde tarif edilen doğru nefes alma tekniklerini okuyun ve hareketleri yaparken aşağıdaki noktalara dikkat edin.

- Her harekete başlamadan önce nefes vererek ciğerlerinizdeki havayı tamamen boşaltın. Sonra burundan derin bir nefes alın 5 saniye tutun ve yavaş yavaş verin.
- Yüz masajı, göz egzersizi ve kalem hareketleri hariç; bütün hareketleri uygularken nefesinizi tutmanız gerekir.
- Her yüz hareketine başlarken derin bir nefes alın, hareketi uygulayın ve pozisyonu değiştirmeden 10 saniye nefesinizi tutarak bekleyin. Başlangıç pozisyonuna gelirken nefesinizi yavaş yavaş verin.
- Dinlenmek için her hareket arasında derin nefes alın, 5 saniye tutun ve yavaş yavaş verin.
- Yüz masajı ve göz egzersizleri hariç, her yüz hareketini üçer defa yapın.
- Bütün yüz hareketlerini ayna karşısında yapın.
- Hareketleri uygularken cildinizde çizgi oluşmamasına dikkat edin.

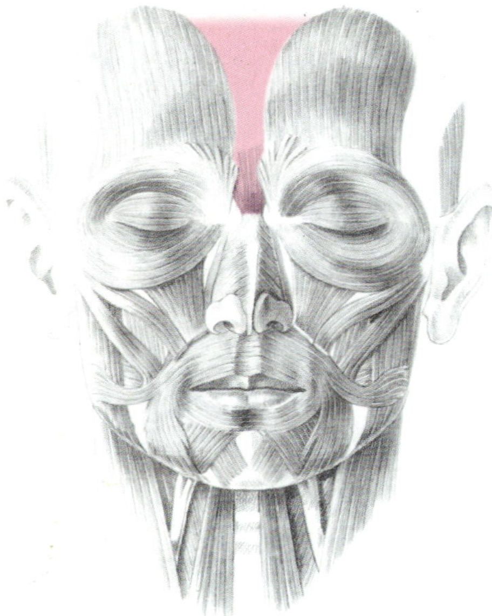

1. *Egzersiz*

ALIN MASAJI

(yüz kaslarını dinlendirmek
ve rahatlatmak için)

- Harekete başlamadan önce nefes vererek ciğerlerinizdeki havayı tamamen boşaltın. Sonra burundan derin bir nefes alın. 5 saniye tutun ve yavaş yavaş verin.
- Her iki elinizin orta parmaklarıyla alnınıza, iki kaşın arasından (üçüncü gözden) yukarıya doğru, saç köklerine kadar hafif okşayışlarla masaj yapın.
- Serbest nefes alıp vererek masajı toplam 100 vuruşa ya da iki dakikaya tamamlayın.

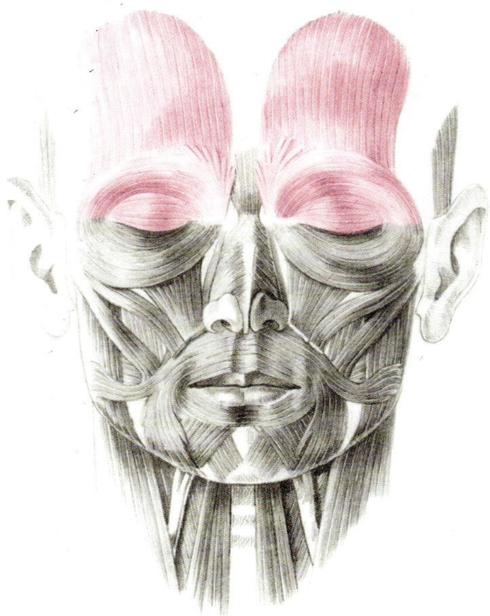

2. *Egzersiz*

KAŞ KALDIRMA TEKNİĞİ

(alın kaslarını ve üst göz kapaklarını güçlendirmek için)

- Harekete başlamadan önce nefes vererek ciğerlerinizdeki havayı tamamen boşaltın. Sonra burundan derin bir nefes alın. 5 saniye tutun ve yavaş yavaş verin.
- Her iki elinizin avuç içleriyle her iki kaşınızın altındaki bölgeye bastırın ve kaşlarınızı V şeklinde, çaprazlama yukarı kaldırın.
- Hareket süresince derin nefes alıp verin. Aşağıya, göğsünüze doğru bakarak göz kapaklarınızın iyice gerildiğini hissedin ve kaşlarınızı çatın.
- Nefesinizi ve yüzünüzü bu şekilde 10 saniye tutun ve nefes verirken ellerinizi bırakın.
- Bu hareketi 3 defa tekrarlayın.
- Her hareketin arasında nefes alıp 5 saniye tutarak yavaş yavaş vermeyi unutmayın.

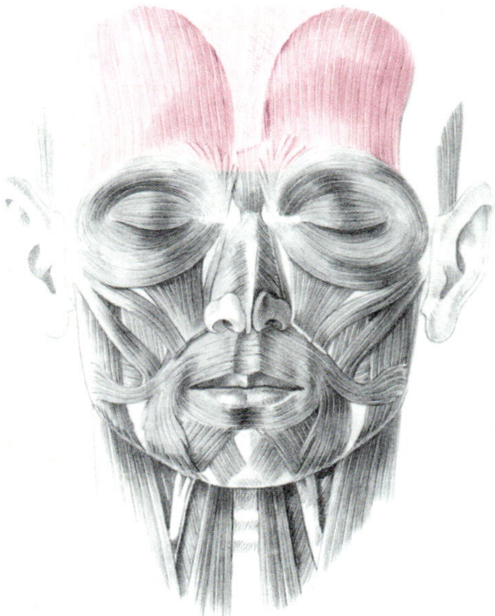

3. *Egzersiz*

ALIN ÇİZGİLERİ

(alın kaslarını güçlendirmek için)

- Harekete başlamadan önce nefes vererek ciğerlerinizdeki havayı tamamen boşaltın. Sonra burundan derin bir nefes alın. 5 saniye tutun ve yavaş yavaş verin.
- Serçe parmaklarınızla her iki kaşınızın başladığı noktaya, baş parmaklarınızla da kaşlarınızın bittiği noktaya bastırın. Kaşlarınızı her iki yana doğru hafifçe çekin. Çekerken cildinizde çizgi oluşmamasına dikkat edin.
- Serbest kalan parmaklarınızın uçlarını alnınızın en tepesine, saçlarınızın başladığı çizgiye yerleştirin ve alın kaslarını kaşlarınızla beraber yukarı doğru kaldırın.
- Harekete başlarken derin nefes alın. Aşağıya, göğsünüze doğru bakarak göz kapaklarınızın iyice gerildiğini hissedin.
- Kaşlarınızı çatın. Nefesinizi ve yüzünüzü bu şekilde 10 saniye tutun ve nefes verin.
- Ellerinizin pozisyonunu bozmadan ve kaydırmadan kaşlarınızı tekrar yukarıya doğru kaldırın. Nefesinizi ve hareketi bu şekilde 10 saniye tutun, sonra yavaş yavaş nefes verin.
- Bu hareketi 3 defa tekrarlayın.

Tıpkı bir "gül" gibi yaşa.
Sessizliğin tam ortasında, hoş kokunun
diliyle konuşur güller.

Babaji

4. Egzersiz

1. pozisyon

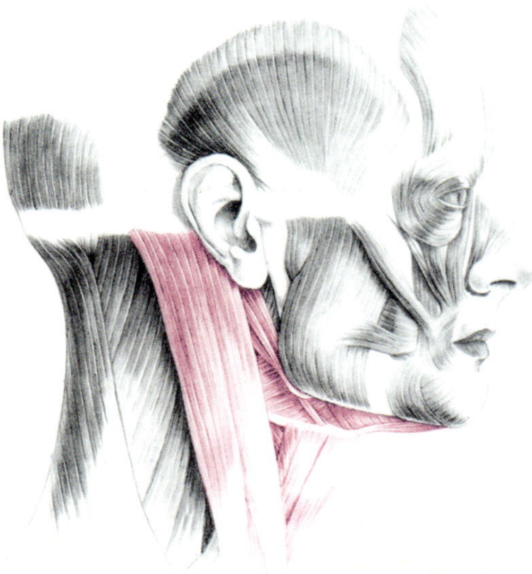

4. *Egzersiz*

GIRTLAK ADALESİ

(gerdanı ve boynu sıkılaştırmak için)

- Harekete başlamadan önce nefes vererek ciğerlerinizdeki havayı tamamen boşaltın.

Sonra burundan derin bir nefes alın. 5 saniye tutun ve yavaş yavaş verin.

- Sırtınız dik, çeneniz yere paralel dursun.
- Harekete başlarken derin bir nefes alın ve aşağıdaki iki pozisyonu sırayla uygulayın:

Uyarı: Boyun ve çene kemiği bölgesinde bir sağlık sorunu yaşıyorsanız bir uzmana danışmadan boyun hareketlerini yapmayın!

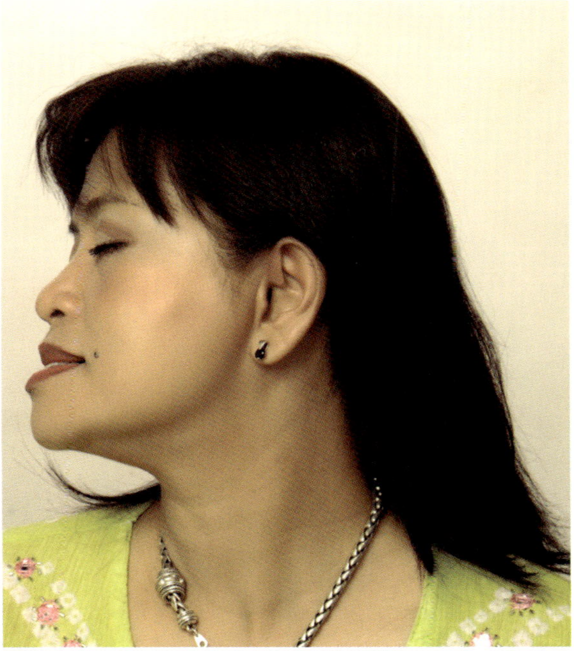

2. pozisyon

1. Pozisyon: Çenenizi ve alt dudağınızı öne doğru çıkarın. Başınızı yavaşça arkaya doğru yaslayın, dilinizi üst damağınıza yapıştırın ve çenenizi yukarı kaldırarak sıkın. Bu pozisyonda 10 saniye kalın. Bu arada parmak uçlarınızla gırtlağınıza, çok hafif vuruşlarla masaj yapın. Nefesinizi vererek başınızı başlangıç pozisyonuna getirin. (bkz. s. 23'teki fotoğraf)
2. Pozisyon: Çeneniz ve alt dudağınızı öne doğru çıkarın. Başınızı sola çevirin. Dilinizi üst damağınıza yapıştırın ve başınızı hafifçe arkaya doğru yaslayın. Çenenizi yukarı kaldırarak sıkın. 10 saniye bekleyin. Nefesinizi vererek başınızı başlangıç pozisyonuna getirin. Sonra aynı hareketi sağ yöne doğru uygulayın.

Yukarıdaki iki pozisyondan oluşan egzersiz setini 3 defa tekrarlayın, setlerin arasında nefes alıp vererek dinlenmeyi unutmayın.

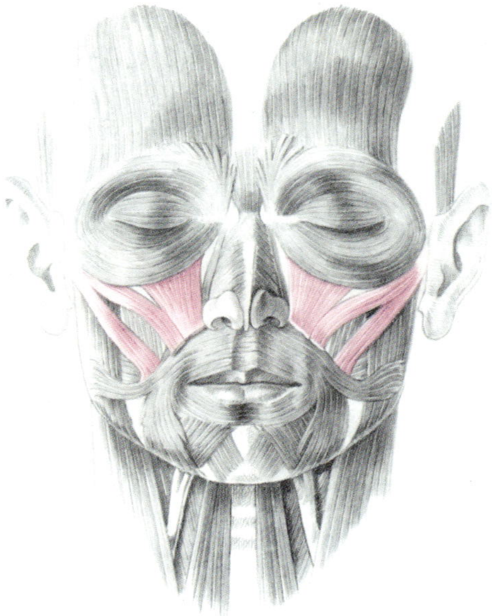

5. *Egzersiz*

GÜLME ÇİZGİLERİ

(gülme çizgilerini hafifletmek
ve üst yanakların sarkmasını önlemek için)

- Baş ve işaret parmaklarınızla üst dudağınızı, yanakların başlangıç noktasına yakın, fotoğraftaki gibi tutun. Beş milimetre kadar aşağıya çekin.
- Derin bir nefes alın. Bu hareketi yaparken gözlerinizi iyice açın. İçten gelen, coşkulu bir gülümseme ile yanaklarınızı yukarı-yana doğru olabildiğince gerin. Cildinizde çizgi oluşmamasına özen gösterin.
- Nefesinizi ve yüzünüzü bu şekilde 10 saniye tutun ve yavaş yavaş nefes verin.
- Hareket sona erdikten sonra, derin bir nefes alıp 5 saniye tutun. Nefesinizi yavaşça verin ve 5 saniye dinlenin.
- Bu hareketi 3 kez tekrarlayın, aralarda nefes alıp vermeyi ve dinlenmeyi ihmal etmeyin.

Uyarılar: Gözlerinizi açınca alnınızda kırışıklık oluşuyorsa bu hareketi gözlerinizi kapatarak yapın.
Parmaklarınızı fazla sıkarak yanaklarınıza baskı uygulamayın.
Bileklerinizi, fotoğraftaki gibi, avuç içlerinizin başlangıç noktasında birleştirin ve hareket boyunca sabit tutun.

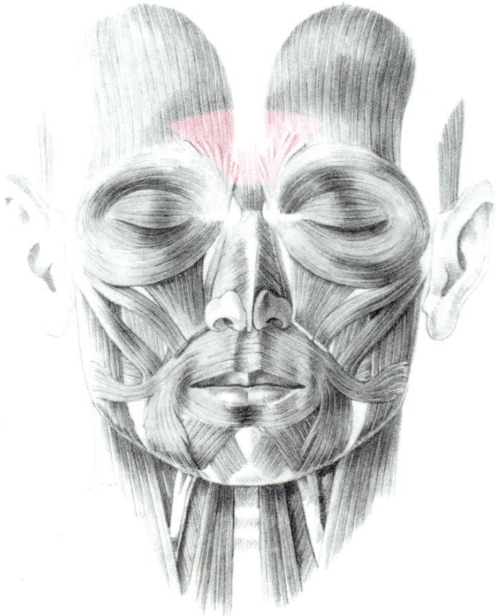

6. *Egzersiz*

DÜŞÜNCE ÇİZGİLERİ

(alın çizgilerini hafifletmek için)

- Harekete başlamadan önce nefes vererek ciğerlerinizdeki havayı tamamen boşaltın. Sonra burundan derin bir nefes alın. 5 saniye tutun ve yavaş yavaş verin.
- Fotoğraftaki gibi her iki elinizin üçer parmağını karşılıklı olarak alnınızda birleştirin. Baş parmaklarınızı arkaya dayayarak destek alın. Parmaklarınızı ters yönlere çekerek alnınızı gerin.
- Derin bir nefes alın. Aşağıya doğru bakarak kaşlarınızı çatın.
- Nefesinizi bu şekilde 10 saniye tutun, daha sonra yavaş yavaş nefes verin.
- Bu hareketi 3 kez tekrarlayın. Aralarda derin nefes alıp vererek dinlenmeyi ihmal etmeyin. Dinlenirken orta parmaklarınızın uçlarıyla alın çizgilerinin üzerine hafif vuruşlarla masaj yapın.

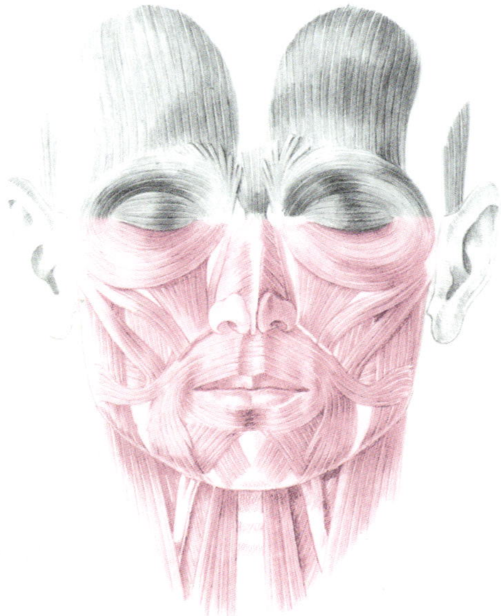

7. *Egzersiz*

YÜZ ANA ADALESİ

(yüz kaslarını kuvvetlendirmek için)

- Ağzınızı hafifçe açın ve dudaklarınızı içeriye doğru döndürerek küçük bir "u" gibi şekillendirin.
- Harekete başlarken derin bir nefes alın. Bu hareket süresince gözlerinizi tamamen açabilirsiniz. Küçük "u" şeklindeki ağzınızı büyük "O" şeklinde açın. Dudaklarınızın içeriye dönük olmasına dikkat edin. İçten gelen, coşkulu bir gülümseme ile yanaklarınızı yukarı-yana-aşağıya (her yöne), olabildiğince gerin. Yüzünüzde çizgi oluşmamasına dikkat edin.
- Nefesinizi ve yüzünüzü bu şekilde 10 saniye tutun ve nefes verin.
- Tekrar derin bir nefes alın. 5 saniye kadar tutun, yavaşça verin ve 5 saniye dinlenin.
- Bu hareketi 3 defa tekrarlayın, aralarda nefes alıp vermeyi ve dinlenmeyi ihmal etmeyin.

Uyarı: Gözlerinizi açınca alnınızda kırışıklık oluşuyorsa bu hareketi gözlerinizi kapatarak yapın.

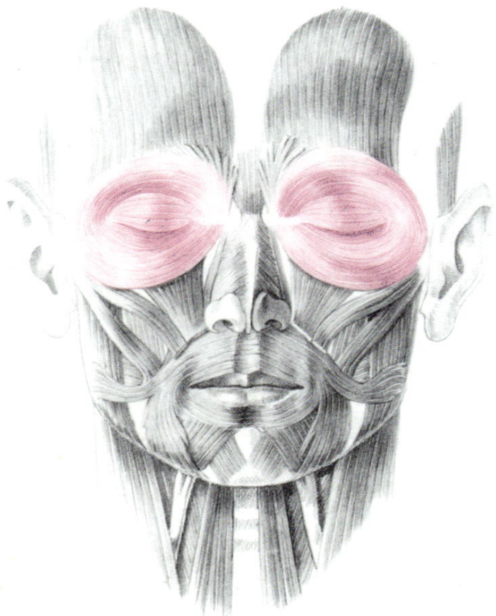

8. *Egzersiz*

GÖZ ANA ADALESİ

(göz çevresindeki çizgileri yumuşatmak için)

- Gözlerinizi tamamen açın. Baş ve işaret parmağınızla gözün üst ve alt kapağını tutun. Orta parmağınızla alın kaslarını yukarıya doğru çekin.

1. pozisyon: Harekete başlarken derin bir nefes alın ve dümdüz ileriye bakarken göz kapaklarınızı olabildiğince kısın.

- Nefesinizi ve pozisyonu bu şekilde 10 saniye tuttuktan sonra, nefesinizi yavaş yavaş verin.

2. pozisyon: Elleriniz sabit olarak gözlerinizi tamamen açın. Bu defa yukarıya doğru bakın ve göz kapaklarınızı olabildiğince kısın.

- Nefesinizi ve pozisyonu bu şekilde 10 saniye tuttuktan sonra, nefesinizi verin.

3. pozisyon: Elleriniz sabit olarak gözlerinizi tamamen açın. Bu defa aşağıya doğru bakın ve göz kapaklarınızı olabildiğince kısın.

- Nefesinizi ve pozisyonu bu şekilde 10 saniye tuttuktan sonra, nefesinizi yavaş yavaş verin.
- Bu hareket dizisini 3 defa tekrarlayın.

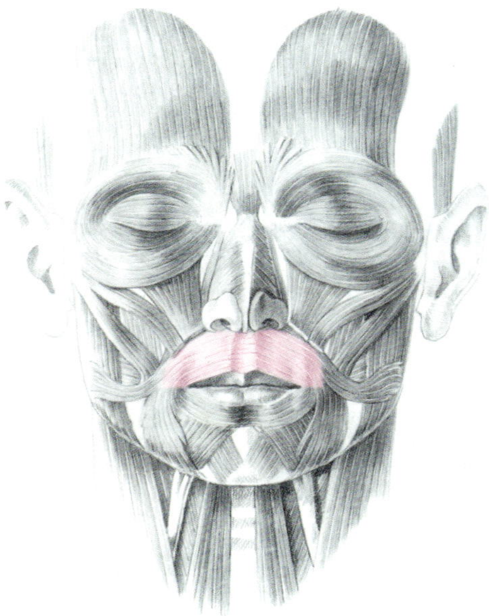

9. *Egzersiz*

AĞIZ ANA ADALESİ (I)

(dudak çevresi çizgilerini hafifletmek ve dudakları doğal yoldan dolgunlaştırmak için)

- Baş ve işaret parmaklarınızla dudağınızın her iki ucundan, iki yana çekmeden hafifçe tutun.
- Harekete başlarken derin bir nefes alın.
- Elleriniz sabit olarak dudaklarınızı büzmeye çalışın. Büzemediğiniz için bir direnç oluşacaktır.
- Şimdi dudaklarınızı parmak uçlarınızla iki yana doğru, 5 milimetre kadar hafifçe çekin. 10 saniye bu şekilde kaldıktan sonra nefesinizi verin.
- Başlangıç pozisyonuna döndükten sonra, tekrar derin bir nefes alın. Nefesinizi 5 saniye tuttuktan sonra, yavaş yavaş verin ve 5 saniye dinlenin.
- Bu hareketi 3 defa tekrarlayın, aralarda nefes alıp vermeyi ve dinlenmeyi ihmal etmeyin.

Uyarı: Bu hareketi tamamladıktan sonra en az birkaç dakika konuşmayın ve hareket etmeyin.

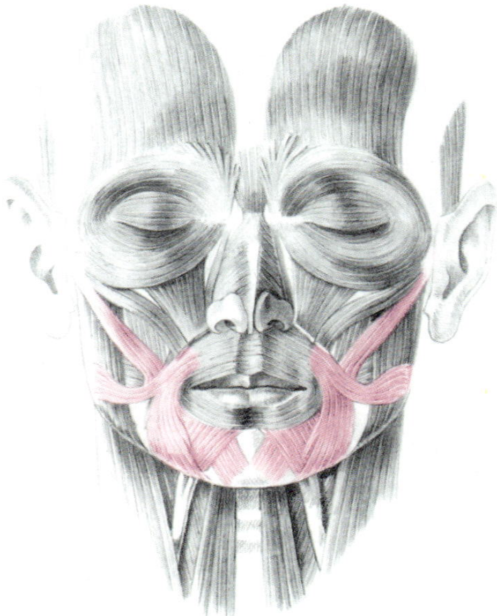

10. *Egzersiz*

YANAKLARIN SARKMASI

(alt yanaktaki sarkmaları toparlamak için)

- Harekete başlamadan önce nefes vererek ciğerlerinizdeki havayı tamamen boşaltın. Sonra burundan derin bir nefes alın. 5 saniye tutun ve yavaş yavaş verin.
- Baş ve işaret parmaklarınızla ağzınızı fotoğraftaki gibi iki ucundan tutun ve hafifçe öne doğru çekin.
- Tebessüm ederek alt yanaklarınızı her iki yana (kulaklara doğru) gerin.
- Pozisyonu bozmadan nefesinizi 10 saniye tutun ve nefes verin.
- Bu hareketi 3 defa tekrarlayın, aralarda nefes alıp vermeyi ve dinlenmeyi unutmayın.

Uyarılar: Harekete başlarken başınızı hafifçe arkaya ve yukarıya doğru kaldırın. Serbest kalan parmakların, alt dudağınıza ve çenenize değmemesine dikkat edin. Dirseklerinizi hafifçe kaldırın.

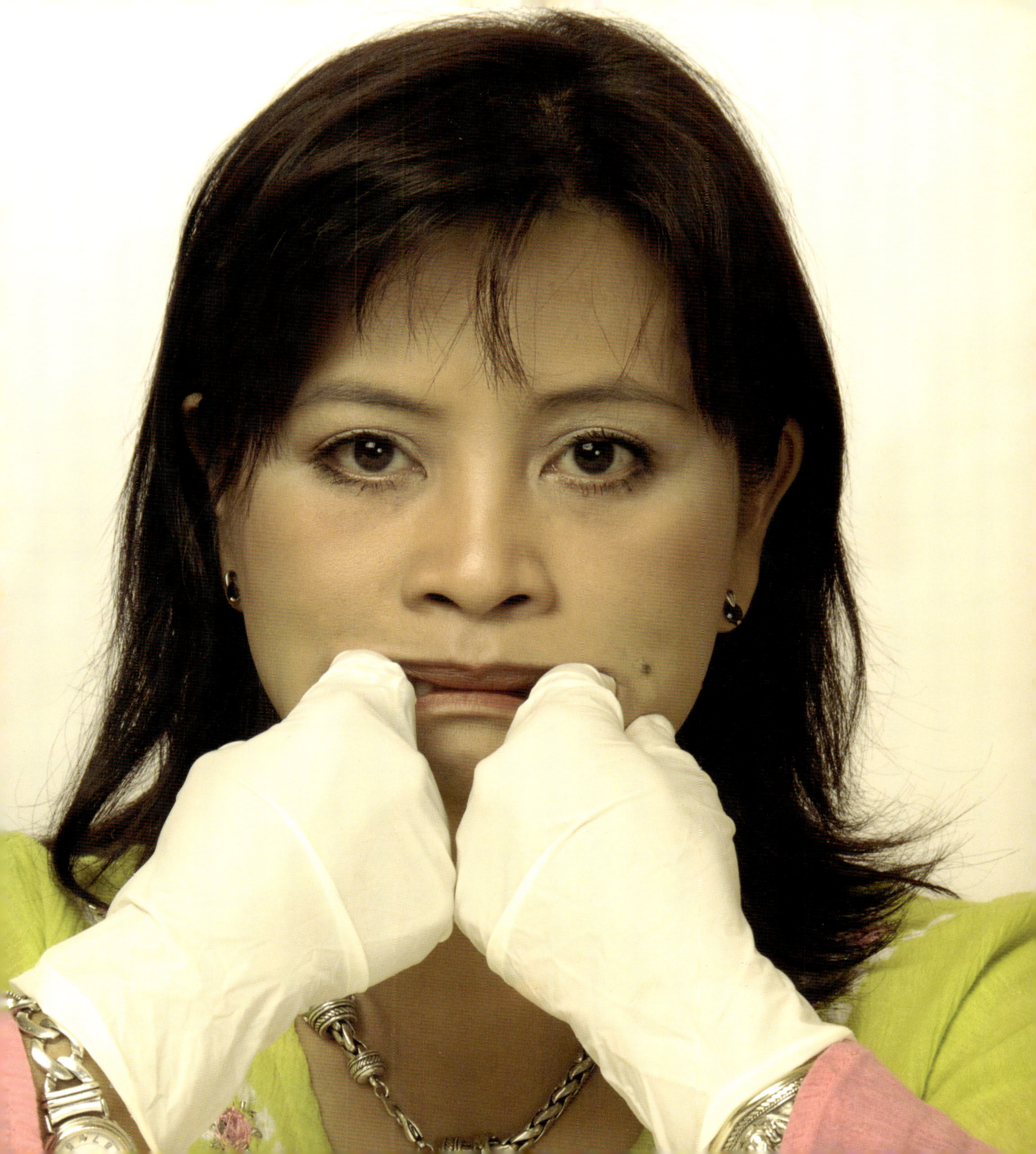

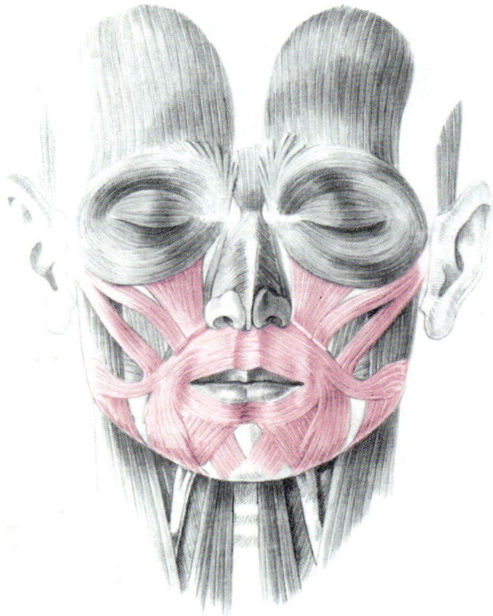

11. *Egzersiz*

KALEM ÇEVİRME

(yanak, dudak ve boyun kaslarınızı kuvvetlendirmek için)

- Harekete başlamadan önce nefes vererek ciğerlerinizdeki havayı tamamen boşaltın. Sonra burundan derin bir nefes alın. 5 saniye tutun ve yavaş yavaş verin.
- Fotoğraftaki gibi dudaklarınızı içeri doğru döndürerek bir kurşun kalemi yatay vaziyette tutun.
- Nefes alın ve kalemi çevirirken çenenizi dışarıya doğru çıkarın. Çenenizi hafifçe kaldırıp, hafif bir tebessümle yanaklarınızı yukarıya kaldırın. 2 saniye bu şekilde kalın. Sonra yavaş yavaş nefes verirken başlangıç pozisyonuna dönün, yüzünüzü ve çenenizi 2 saniye dinlendirin.
- Bu hareketi en az yirmi defa tekrarlayın.

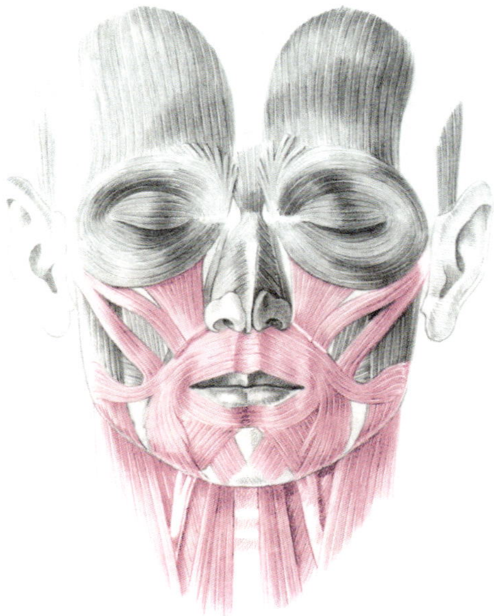

12. *Egzersiz*

KAŞIK KALDIRMA

(yanak, dudak ve boyun kaslarınızı kuvvetlendirmek için)

- Harekete başlamadan önce nefes vererek ciğerlerinizdeki havayı tamamen boşaltın. Sonra burundan derin bir nefes alın. 5 saniye tutun ve yavaş yavaş verin.
- Dudaklarınızı içeriye doğru kıvırın. Üst dudağınızla kaşığın üst ucunu tutun, alt dudağınızla ise kaşığı daha ileri bir noktadan destekleyerek tutun.
- Kaşığı alt çenenizle kaldırın, aynı anda içten gelen coşkulu bir gülümseme ile yanaklarınızı yukarı doğru gerin.
- 2 saniye bu şekilde bekleyin, sonra yanak kaslarınızı rahat bırakın.
- Bu hareketi en az 10 defa tekrarlayın.

1

2

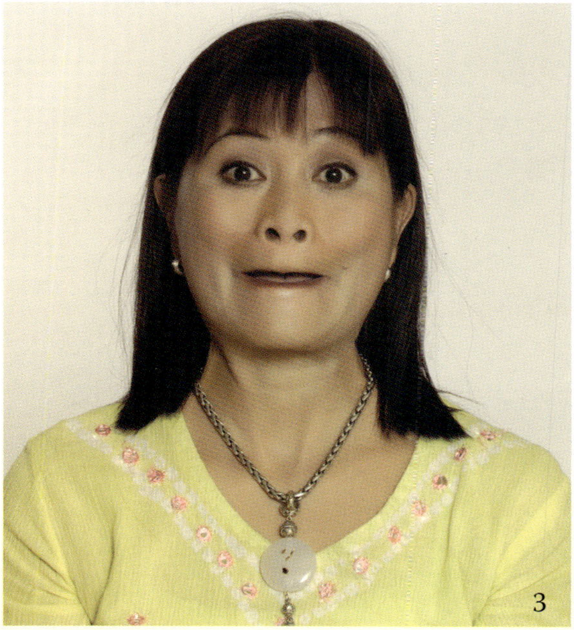

3

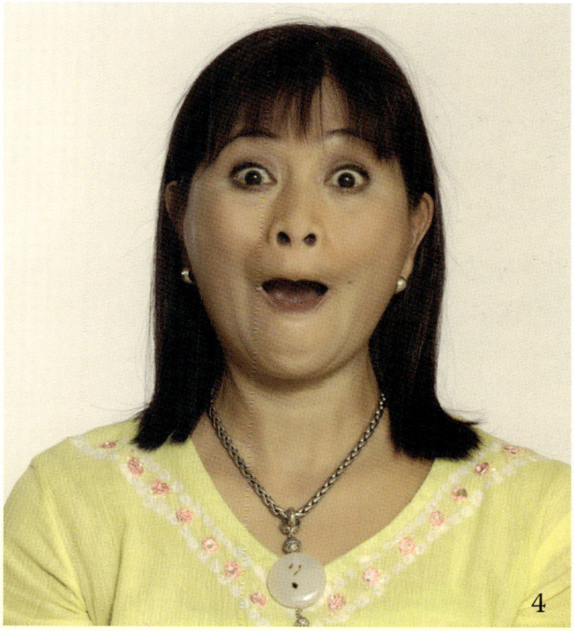

4

Kötü alışkanlıklar, kişisel gelişim ve
bilinçlenmeyle aşılabilir.
Bunu da yalnızca güçlü bir iradesi ve kendine
güveni olanlar başarabilir.

Lourdes J. D. Çabuk

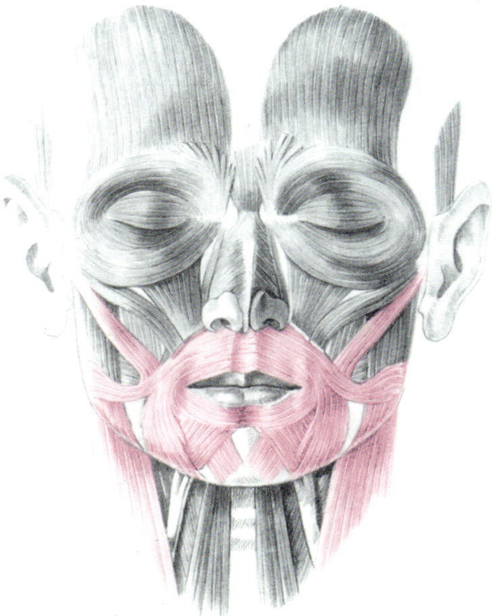

14. *Egzersiz*

ALT YÜZ ADALELERİ

(alt yanak, dudak ve kulak kaslarını kuvvetlendirmek için)

- Harekete başlamadan önce nefes vererek ciğerlerinizdeki havayı tamamen boşaltın. Sonra burundan derin bir nefes alın. 5 saniye tutun ve yavaş yavaş verin.
- Ağzınızı ve gözlerinizi kapatın.
- Tebessüm ederek dudaklarınızın orta kısmını yavaş yavaş iki yana doğru çekin,
- Tebessümü yavaş yavaş güçlendirerek yanak adalelerini kulağa doğru iyice sıkın.
- "Ağzınız kulaklarınıza varınca!", yani hareketin en son noktasında, yanaklarınızı ve dudaklarınızı kuvvetle sıkarak iyice gerildiklerini hissedin.
- Pozisyonu bozmadan nefesinizi 10 saniye tutun ve nefes verin.
- Bu hareketi 3 kez tekrarlayın, aralarda nefes alıp vermeyi ve dinlenmeyi unutmayın.

Uyarı: Hareket sırasında yanaklarda çizgi oluşuyorsa, çizginin üzerini avuç içleriyle, fazla bastırmadan tutun.

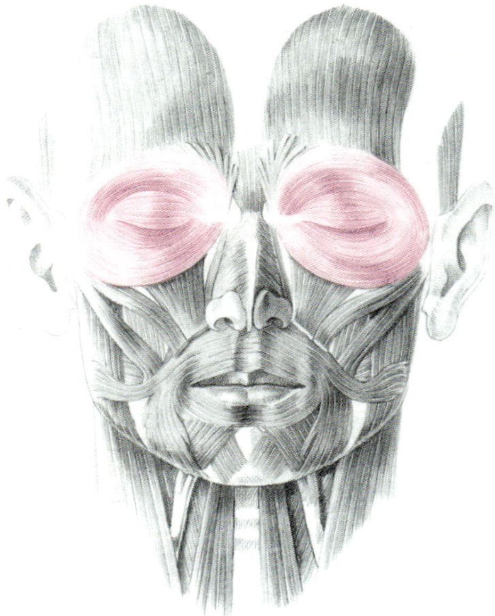

15. *Egzersiz*

GÖZ ADALELERİ

(iç optik kaslar ve göz kapağı kasları için)

a) Normal nefes alıp verirken gözleriniz açık bir halde,

- Tam olarak yukarı bakın, sonra tam olarak aşağıya bakın ve hareketi üç defa tekrarlayın.
- Tam olarak sağa bakın, sonra tam olarak sola bakın ve hareketi 3 defa tekrarlayın.
- Tam olarak sağ yukarı köşeye bakın, sonra tam olarak sol aşağı köşeye bakın, hareketi 3 defa tekrarlayın.
- Tam olarak sol yukarı köşeye bakın, sonra tam olarak sağ aşağı köşeye bakın, hareketi 3 defa tekrarlayın.
- Gözlerinizi saat istikametinde 3 tur döndürün, sonra ters istikamette 3 tur döndürün.
- Gözlerinizi kırpıştırın. Avuçlarınızı birbirine sürterek ısıtın ve göz kapaklarınızın üzerine koyup 10 saniye dinlenin. Nefes alırken avuç içlerinizle gözlerinizi iki yana doğru sıvazlayın.
- Derin bir nefes alın. Nefesinizi 5 saniye tuttuktan sonra yavaşça verin ve 5 saniye dinlenin.

b) Aynı hareketleri gözleriniz kapalıyken tekrar edin.

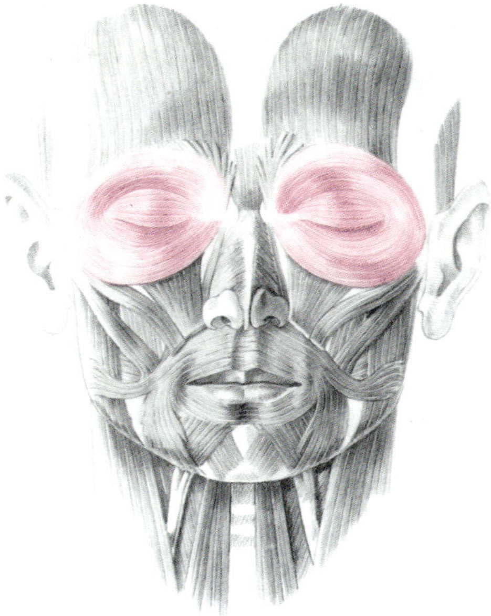

16. *Egzersiz*

GÖZ KENARLARINDAKİ KIRIŞIKLIKLAR

(kazayağını hafifletmek için)

- Baş parmaklarınızı her iki gözün kenarında kırışıklıkların başladığı noktaya yerleştirin. Serbest kalan parmaklarınızla kaşlarınızı yukarıya doğru çekin. Bu arada normal nefes alıp vermeye devam edin.
- Dümdüz ileriye bakarken göz kapaklarınızı olabildiğince kısın, 10 saniye bu şekilde kalın.
- Elleriniz sabit olarak tam olarak yukarı bakarken göz kapaklarınızı iyice kısın. Nefesinizi ve pozisyonu 10 saniye bu şekilde tutun.
- Elleriniz sabit olarak aşağıya bakarken göz kapaklarınızı iyice kısın. Nefesinizi ve pozisyonu 10 saniye bu şekilde tutun.
- Gözlerinizi kırpıştırın, avuçlarınızı birbirine sürterek ısıtın ve göz kapaklarınızın üzerine hafifçe bastırarak 10 saniye bu şekilde dinlenin. Nefes alırken avuçlarınızla gözlerinizi yana doğru sıvazlayın.
- Derin bir nefes alın. Nefesinizi 5 saniye tuttuktan sonra yavaşça verin ve 5 saniye dinlenin.

Öğrenme süreci kendi içinizde başlar . . .
Nefsinizi kontrol etmeye çalışmakla işe başlayın .
Bunu başarırsanız gerisi su gibi akacaktır .

Lourdes J. D. Gabuk

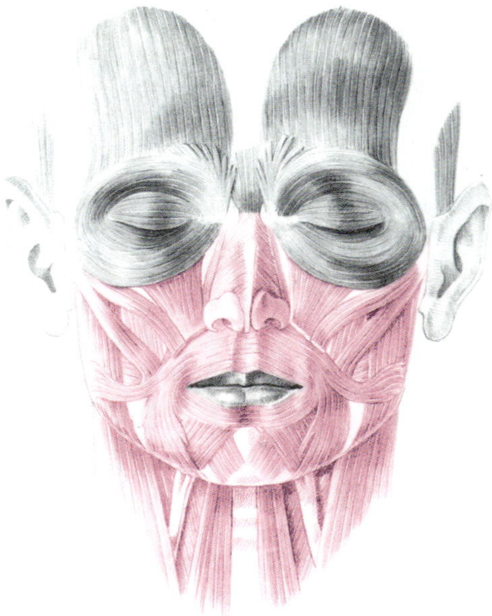

17. *Egzersiz*

BALON ŞİŞİRME

(akciğerleri sağlıklı tutar,
ana yüz kaslarını kuvvetlendirir)

- Burundan nefes alıp ağızdan balona nefes verin. Her nefes verişinizde yanaklarınızı şişirin. Balonu mümkün olduğu kadar büyük şişirdikten sonra ağzını gevşetin. Balonun içindeki hava, ağzınızın içinde dolaşsın. Bu havayı yutmamaya dikkat edin. Bu hareket sayesinde ağız içi kaslarınıza havayla masaj yapılır.
- Bu hareketi üç defa tekrarlayın. Hareket bittikten sonra 2 dakika boyunca hiç konuşmayın ve yüz hareketi yapmayın.

Uyarı: Sigara tiryakisiyseniz ilk bir hafta balonu en fazla elma büyüklüğünde şişirin. Herhangi bir zorlama veya rahatsızlık hissedilmediği takdirde balonu daha büyük şişirebilirsiniz.

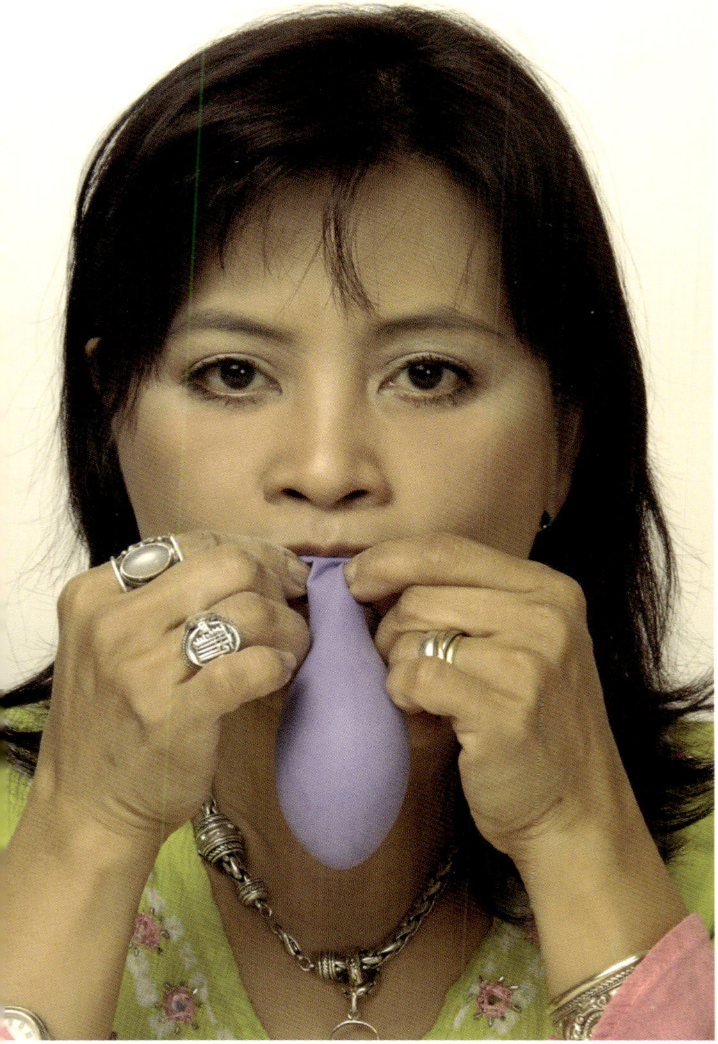

Huzuru bulmanın bir yolu da,
mütevazı olmaktan geçer. Bu uçsuz bucaksız kâinatta
bir toz zerreciğinden başka neyiz ki sanki?
Aslında hiçbir şeyiz...
Nasıl ki topraktan yaratıldık,
yakında yine toprağa gireceğiz.

Lourdes J. D. Gabuk

GÜZELLİK YOGASI NEDİR?

Güzellik yogası 360 derecelik bir bakış açısıyla hem sağlıklı, hem de genç kalmak için yapılan bir çalışmadır.

Güzellik yogası öğretisi, iki temel üstüne kurulmuştur:

I. Klasik yoganın 5 prensibi

II. Üç ana organın doğru işlevi

I. Klasik Yoganın 5 Prensibi

Doğru gevşeme ve dinlenme, doğru nefes, doğru beslenme, doğru egzersiz ve pozitif düşüncedir.

Doğru Gevşeme ve Dinlenme

Zihinde ve vücutta bir bütün halinde sükûnetin hâkim olmasıdır. Zihin ve vücut kasları tamamen gevşeyip dinlenmezse hayat enerjisi kilitlenebilir. Çalışma saatleri arasında dinlendirilen bir zihin ve vücut daha etkin işlev görür. Gerek zihnimiz gerekse vücudumuzun kasları, dinlenirken beslenirler.

Doğru Nefes

Yemek yemeden birkaç hafta hayatta kalabilmemiz mümkünken, nefes almadan birkaç dakikadan fazla yaşayabilmemiz mümkün değildir. Her nefesle aldığımız oksijen, vücudumuzdaki hücrelerde besin moleküllerinin parçalanarak enerji üretilmesini sağlar. Soluduğumuz atmosferde ne kadar oksijen olursa olsun biz, kanımızdaki alyuvarların ihtiva edebildiği kadar oksijen depolayabiliriz. Alyuvar sayısı yeterli değilse, vücudumuz ihtiyacı olan oksijeni alamayacaktır. İşte bu nedenlerden dolayı doğru nefes, doğru beslenme, doğru egzersiz ve pozitif düşünce birbirini etkileyen, birbirinden ayrılmaz ilkelerdir.

Doğru Beslenme

Doğru beslenme, doğru besinlerin tüketilmesi ve doğru bir şekilde boşaltılmasıdır. Beslenme sırasında, vücudumuzun ihtiyaç duyduğu vitamin ve minerallerin alınmasına özen göstermeliyiz. Öğünleri doğru zamanda yemeli, hangi besinleri bir arada tükettiğimize dikkat etmeliyiz.

Doğru Egzersiz

Kişi kendi kapasitesine göre vücuduna uygun olan ve ihtiyacı olan egzersizleri yapmalıdır. Bir egzersiz programına başlarken yaş, kilo, boy, fiziksel engellilik; kas, kemik ve eklem yapısı gibi faktörler göz önünde bulundurulmalıdır. Yoga başta olmak üzere yürüyüş, koşu, yüzme, aerobik, dans, pilates gibi her çeşit egzersizde, doğru nefes alıp vermek çok önemlidir. Hareket ederken enerji harcayan kaslarımızın öncelikle ihtiyaç duyduğu şey oksijendir. Fark ederseniz, yoganın temel prensipleri sıkı sıkıya birbirine bağlıdır.

Pozitif Düşünce

Her şeye olumlu bir açıdan bakarsanız, olumsuz kelime ve düşünceleri devre dışı bırakırsanız hayatınızın bambaşka, aydınlık bir boyutta seyrettiğini fark edersiniz. Pozitif düşünce sistemini geliştirmek için 5 alt duyguyu kontrol altına almak gerekir:

Kızgınlık, kıskançlık, nefret, korku ve ego

Sizi en çok zorlayan alt duygunuzu seçip bir yıl boyunca bu duyguyu kontrol etmek için çalışabilirsiniz. Bu şekilde beş yıl içinde bütün alt duygularınız üzerinde az çok kontrol sahibi olabilirsiniz.

II. Üç Ana Organın Temel İşlevi

Güzellik yogası hareketlerinden tam mânâsıyla faydalanabilmeniz için aşağıda sıralanan üç temel organınızın iyi çalışması gerekir.

1) Akciğer: Doğru nefes alarak akciğeri tam kapasiteyle çalıştırabilirsiniz.

2) Bağırsak: Egzersiz yaparak bağırsakları çalıştırabilirsiniz.

3) Omurga-beyin: Egzersiz yaparak bu bölgenin sağlıklı işlev görmesini sağlayabilirsiniz.

Bütün bu bilgileri ve prensipleri hayata geçirmek ister misiniz? Bunun için üç temel organınız olan akciğer, bağırsak ve omurganızın sağlığına özen göstermelisiniz. Kitabın ilerleyen sayfalarında nefes, bağırsak ve omurga egzersizlerine birer bölüm ayrıldığını göreceksiniz. Fotoğrafların da yardımıyla bu egzersizlerin nasıl yapıldığını öğrenebilirsiniz.

Aşağıda her gün yapacağınız bir egzersiz ve sağlık programı öneriyorum. Programı uyguladığınızda yüz yogasında öğrendiğiniz hareketlerin faydasını daha çabuk ve daha etkin bir biçimde göreceksiniz.

GÜNLÜK EGZERSİZ PROGRAMI

Sabah uyanınca kahvaltıdan önce sırasıyla şunları yapın:

1. Fiziksel Sağlık Egzersizleri

a) Yoga nefesi (karın-göğüs nefesi) egzersizleri: Yatakta veya yerde yapabilirsiniz.

b) Yan körük nefesi egzersizi: 3 set yapın.

c) Bağırsak egzersizleri: 4 set yapın.

d) Omurga egzersizleri: 3 set yapın.

2. Duş (Vücudunuzun içini ve dışını arındırmak için)

a) İç duş için, bir bardak ılık suya bir tatlı kaşığı limon suyu ve bir çimdik deniz tuzu ilave edip için. Bu işlem yemek borusu ve sindirim sistemini temizleyecektir.

b) Dış duş için, ılık suyla duş alın. Haftada bir gün 1.5 litre suya 10 çorba kaşığı deniz tuzu karıştırarak bu suyla duş alın. Negatif ve pozitif enerjinizi dengeleyen bu duş, size çok iyi gelecektir.

c) Duştan sonra bir bardak ılık suya bir tatlı kaşığı limon suyu veya elma sirkesi ile bir tatlı kaşığı çam balı karıştırarak için. Midenizde asit varsa limon suyu kullanın çünkü limon midede alkaline dönüşür. Eklemlerinizde kireçlenme varsa bir tatlı kaşığı pirinç sirkesi kullanmanızı öneriyorum.

3. Yüz Egzersizleri

14. sayfadaki yüz anatomisini gösteren şemada, yüzünüzün egzersiz yapmaya ihtiyaç duyan bölgelerine işaret koyun. Problemli bölgeler için haftada 6 gün, günde 3 defa yüz egzersizlerini tekrarlayın, 7. gün hiç yüz hareketi yapmayın ve yüzünüzü dinlendirin.

Yukarıdaki programı uygulamaya, fiziksel sağlık egzersizlerinden başlayalım. Takip eden sayfalarda nefes egzersizlerinin nasıl yapıldığını gösteren bölümü okuyabilirsiniz.

NEFES EGZERSİZLERİ

Sessizliğin sesini dinle.
Herşeyin cevabı onda gizli…

Lourdes J. D. Çabuk

DOĞRU NEFES ALMA NEDİR?

NEFES AL

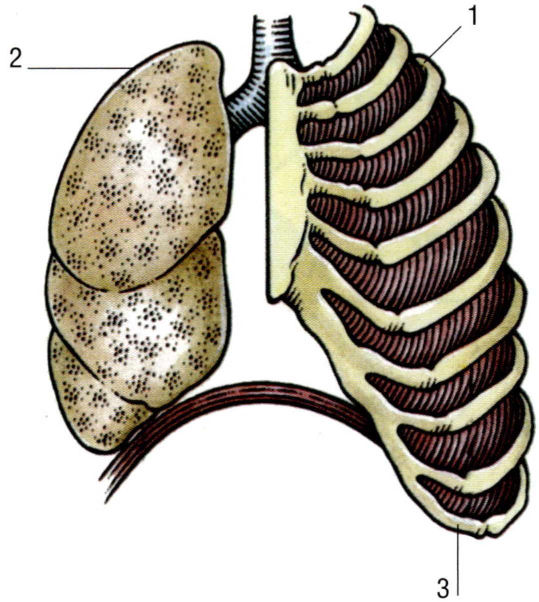

NEFES VER

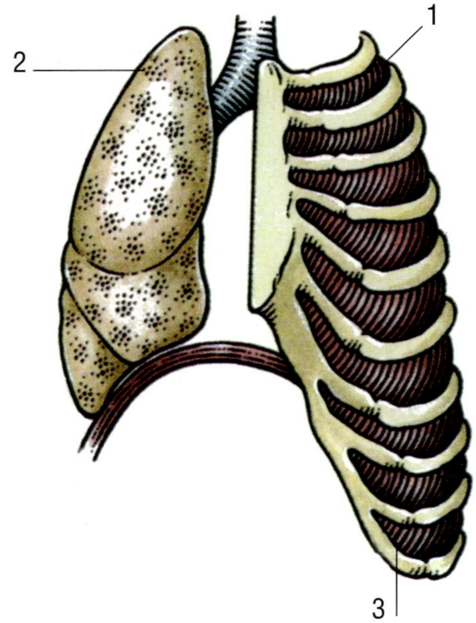

1. Hava burun deliklerinden alınırken karın kasları gevşer ve karın şişer.
2. Hava nefes borusundan aşağı doğru yol alarak ciğerleri doldururur.
3. Diyafram aşağı doğru esneyerek ciğerlerin bütünüyle havayla dolmasına ve göğüs kafesinin genişlemesine sebep olur.

1. Hava burun deliklerinden dışarı verilirken öncelikle karın kasları içeri doğru sıkılır.
2. Göğüs kafesinin sıkışmasıyla, karbondioksit içeren eski hava, nefes borusundan dışarı atılır.
3. Diyaframın yukarı kalkmasıyla akciğerler sıkışır.

YOGA NEFESİNİN FAYDALARI

- Yoga nefes alma teknikleri, kişinin vücutla zihin, bilinçle bilinçaltı arasındaki geçişi gerçekleştirmesini sağlar.
- Nefes alma tekniklerinin en basit ama en önemli olanı "karın-göğüs nefesi"dir. Doğru bir şekilde nefes alıp verme tekniği olan "karın-göğüs nefesi", akciğerleri tam kapasite ile çalıştırarak beynin ve tüm vücudun, oksijen ve *prana* denilen vücut enerjisiyle beslenmesini sağlar.
- Nefes, yüz hareketleri yaparken de çok önemlidir; çünkü yüz kasları çalıştığı zaman oksijen gerekir.
- "Karın-göğüs nefesi"nin doğru uygulandığından emin olunca diğer nefes tekniklerine geçebilirsiniz.
- "Yan körük nefesi", doğru uygulandığında tüm solunum sisteminizi; burun, sinüsler ve akciğerleri temizler. İçinizdeki sağlıklı ve canlı ışıltı, yüzünüze yansır.
- Kandaki oksijen miktarı artar.
- Karın kaslarının sıkıştırılması; karaciğer, dalak, pankreas, mide ve kalbe masaj etkisi yaparak bütün vücudu canlandırır.
- Karın kasları güçlenir, sindirim kolaylaşır.
- Zihin canlanır.
- Konsantrasyon artar.
- Üçüncü göz açılır.
- Sindirim sistemi, kan dolaşımı, sinir sistemi ve solunum sistemi iyi çalışır.

1. *Egzersiz*

KARINDAN GÖĞÜSE 3 DERİN NEFES

- Sırt üstü yere uzanın. Ellerinizi karnınızın üstüne koyun.
- İlk önce nefes vererek akciğerlerinizi tamamen boşaltın.
- Derin bir nefes alın. Nefes alırken ilk önce karnınızı, sonra göğsünüsü havayla doldurun. Göğüs kafesinizin genişlediğini hissedin. Bu arada omuzlarınızı hafifçe arkaya doğru yaslayın.
- Nefesinizi 10 saniye tutun. Sonra yavaş yavaş bırakın. Nefes verirken karın kaslarını sıkın, göğüs kafesinizin küçüldüğünü hissedin. Bu arada omuzlarınızı hafifçe öne doğru eğin.
- Normal nefes alıp vererek 5 saniye kadar dinlenin. Sonra tekrar derin nefes alın.
- Aralarda dinlenerek bu hareketi 3 defa tekrarlayın.

1

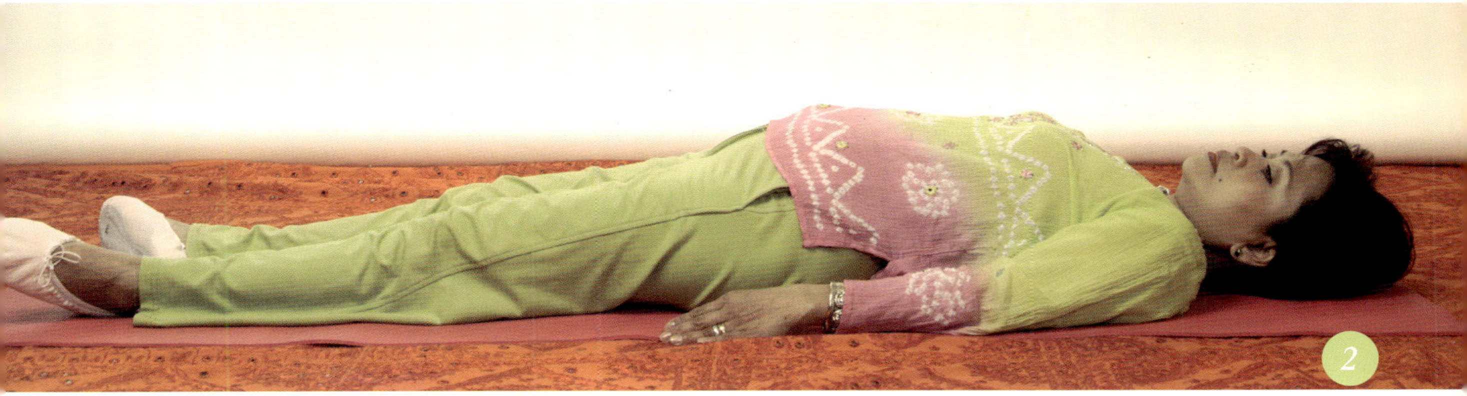
2

3

2. *Egzersiz*

YAN KÖRÜK NEFESİ

- Resimdeki gibi sol yanınız üzerinde yere uzanın. Sağ kolunuzu sağ kalçanızın üzerine uzatın.
- Derin nefes alırken vücudunuzu göğüsten başlayarak aniden öne-ileriye doğru çıkarın. Aynı zamanda karnınızın da şiştiğini hissedin. Nefes verirken kalça ve göbeğinizi geriye doğru kıvırın.
- Ara vermeden bu nefesi en az 6 defa tekrarlayın. Bu şekilde yılan gibi kıvrılıp bükülerek dairesel hareketlerle 6 defa nefes alıp verin.
- Daha sonra vücudunuzun sağ tarafına uzanın. Aynı hareketi tekrarlayın.

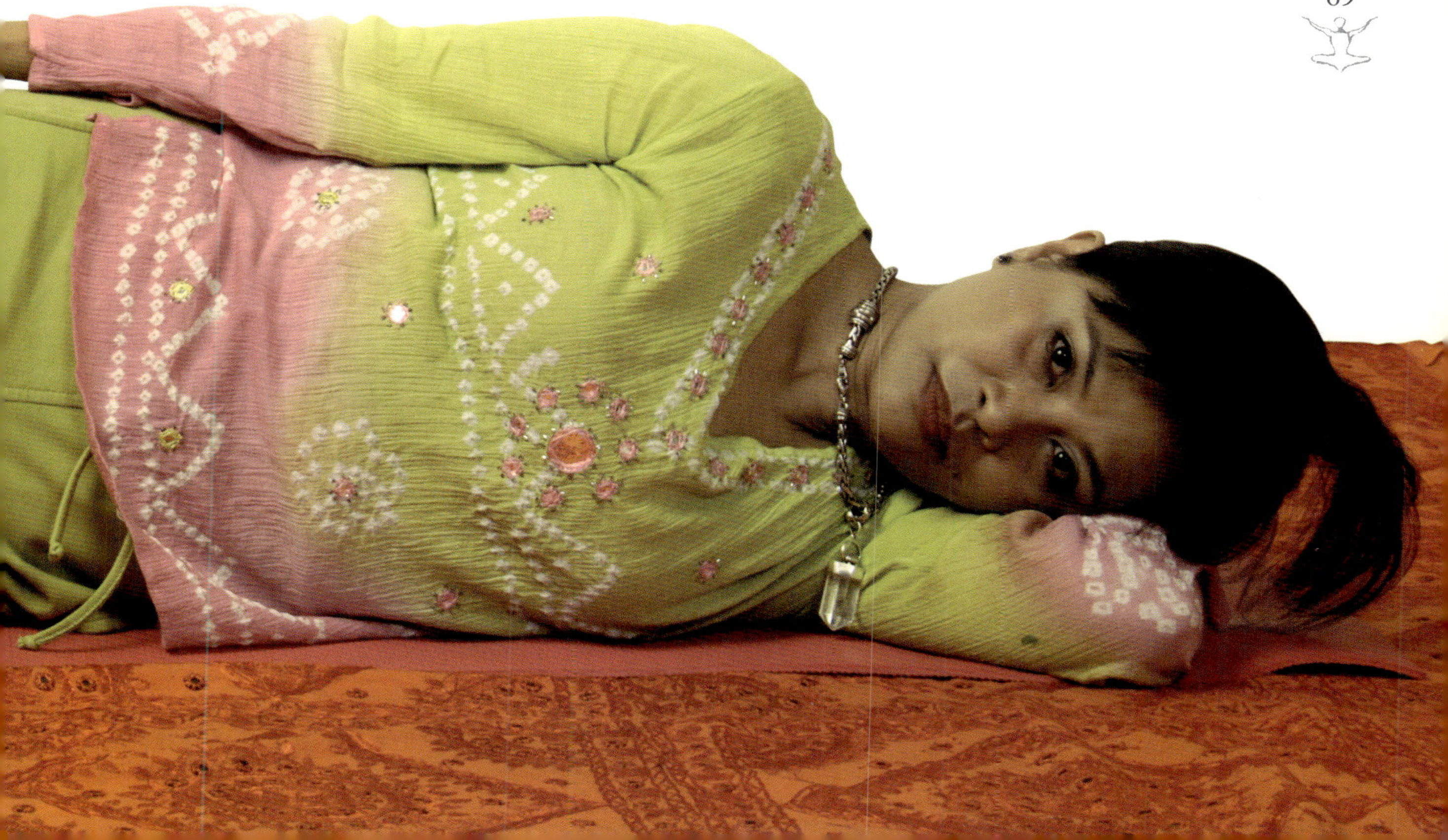

BAĞIRSAK EGZERSİZLERİ

Olaylar gelir ve geçer…
Bırak dönüp dursun etrafındaki bu çark.
Sen hiçbir şeye bağlanma.
Daima merkezde kalmaya bak.
Çünkü budur "Hakikat" …

Babaji

BAĞIRSAKTAKİ REFLEKSOLOJİ NOKTALARI

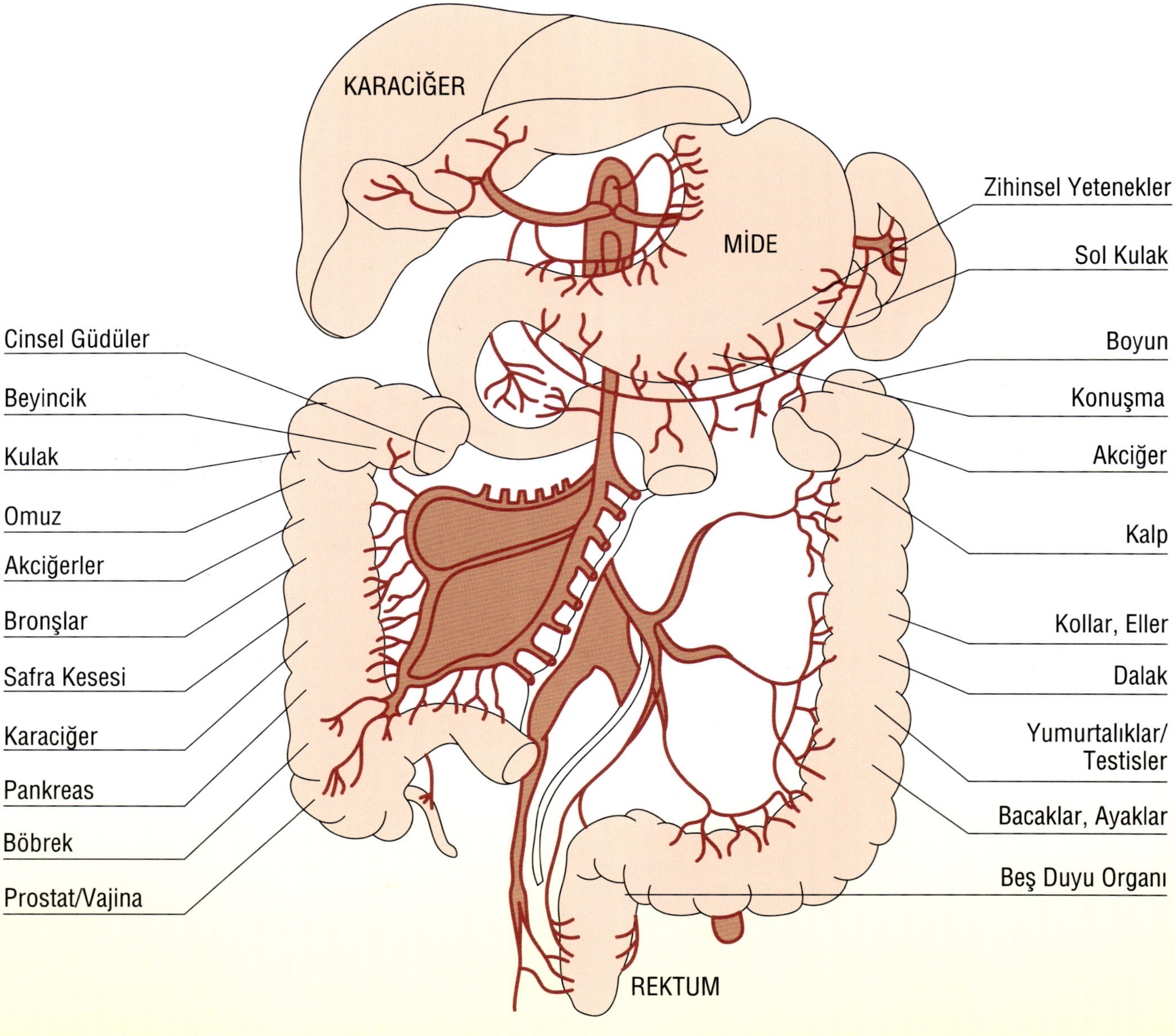

SAĞLIĞINIZ ve GÜZELLİĞİNİZ İÇİN BAĞIRSAKLARINIZI ÇALIŞTIRIN

Bağırsaklarımızın vücudun çeşitli bölümlerini yansıtan bir ayna gibi olduğunu biliyor muydunuz? Sol sayfadaki şemada, bağırsaklardaki hangi noktaların, vücudun hangi bölümleriyle bağlantılı olduğunu görebilirsiniz.
Bağırsakların düzenli olarak boşaltılmaması durumunda, sadece güzelliğimizi kaybetmeyiz. Başta bağırsak kanseri olmak üzere, pek çok sağlık problemiyle yüz yüze kalabiliriz.
Bu bölümde dört hareket dizisinden oluşan bir bağırsak egzersizleri programı göreceksiniz. Fotoğrafların yardımıyla bu egzersizleri kolayca uygulayabilirsiniz. Bu hareketleri düzenli olarak yaparsanız çok kısa bir süre içinde sonuç alırsınız.
Bağısaklarınız düzenli ve sağlıklı çalışınca yüz ve cilt güzelliğiniz de desteklenmiş olacaktır.

1. Egzersiz

- Hareketleri yapmadan önce karın bölgesine masaj yapın. Sağ avucunuzla hafifçe bastırarak karnın sağ alt köşesinden yukarıya ve ortaya doğru, sol üst köşesinden aşağıya doğru, yuvarlak hareketler halinde masaj yapın. Masaj hareketini 3 defa tekrarlayın.
- Sırt üstü yere uzanın.
- Sol elinizle sol burun deliğinizi kapatın. Derin nefes alırken sağ bacağınızı diz altından tutun. Bacağınızı dizinizden bükerek sağ yanınıza doğru açın.
- Nefesinizi yavaş yavaş verirken sağ bacağınızı sağ elinizle göğsünüze bastırın.
- Bacağınız göğsünüze bastırılmış vaziyette, 3 defa karın-göğüs nefesi alıp verin.
- Derin bir nefes alarak bacağınızı yukarı doğru gergin bir şekilde kaldırın.
- Nefesinizi verirken bacağınızı gergin olarak yavaş yavaş aşağı indirin
- Aynı hareketi sol bacağınıza da uygulayın. Bu defa sağ elinizle sağ burun deliğinizi kapatın.
- Sağ ve sol bacak bir set olmak üzere, bu hareketi toplam 3 set yapın.

Uyarı: Kısa süre önce ameliyat geçirenler, reflüsü veya mide rahatsızlığı olanlar bu hareketleri yapmamalıdır.

2

3

2. Egzersiz

- Sırt üstü yere uzanın. Derin bir nefes alırken her iki bacağınızı dimdik havaya kaldırın.

Uyarı: Bel rahatsızlığı olanlar bacaklarını bükerek havaya kaldırsınlar.

- Nefesinizi verirken her iki elinizle dizleriniz altından bacaklarınızı kavrayın, karnınıza doğru çekin ve göğsünüze bastırın.
- Bu pozisyonda 3 defa karın göğüs nefesi alıp verin.
- Tekrar nefes alırken sağa doğru yaslanın, nefes verirken sola doğru yaslanın.
- Tekrar ortaya geldiğinizde nefes alarak bacaklarınızı dimdik havaya kaldırın.

Uyarı: Bel rahatsızlığı olanlar bacaklarını bükerek havaya kaldırsınlar.

- Nefes verirken bacaklarınızı birbirine bitişik vaziyette yere indirin.

2

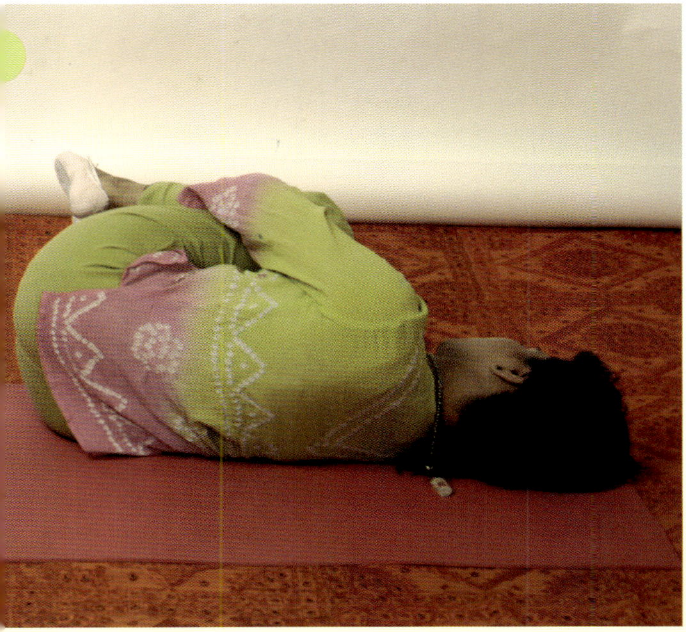

4

3. *Egzersiz*

- Sırt üstü yere uzanın. Nefes alırken dizlerinizi bükerek iki ayağınızın tabanını karnınızın üzerinde birleştirin.
- Dirsekleriniz dizlerinizin iç tarafında kalacak şekilde, her iki elinizle ayaklarınızı tutun.
- Nefesinizi verirken ayaklarınızı göğsünüze doğru olabildiğince çekin.
- Bu posizyonda 3 defa karın-göğüs nefesi alıp verin.
- Tekrar derin bir nefes alırken sağa yuvarlanın, nefes verirken sola yuvarlanın.
- Tekrar nefes alırken bacaklarınızı gergin bir şekilde dimdik havaya dikin.

Uyarı: Bel rahatsızlığı olanlar, bacaklarını bükerek havaya kaldırsınlar.

- Nefes verirken bacaklarınızı yere indirin.

2

4

4. *Egzersiz*

- Sırt üstü yere uzanın. Bacaklarınızı omuz hizasında açın.
- Derin bir nefes alırken dizlerinizi bükün ve havaya kaldırın. Alt baldırlarınızı birbirine paralel olararak havada tutun.
- Dirsekleriniz dizlerinizin dış yanından dolanacak şekilde, her iki elinizle iki ayağınızı kavrayın.
- Nefesinizi verirken ayaklarınızı kendinize doğru çekin ve dizlerinizi göğsünüze bastırın.
- Bu pozisyonda 3 derin nefes alıp verin.
- Tekrar nefes alırken sağa yaslanın, nefes verirken sola yaslanın.
- Tekrar nefes alırken her iki bacağınızı birbirine bitişik olarak dimdik yukarı kaldırın.

Uyarı: Bel rahatsızlığı olanlar bacaklarını bükerek havaya kaldırsınlar.

- Nefes verirken bacaklarınızı gergin vaziyette yere indirin.

1

2

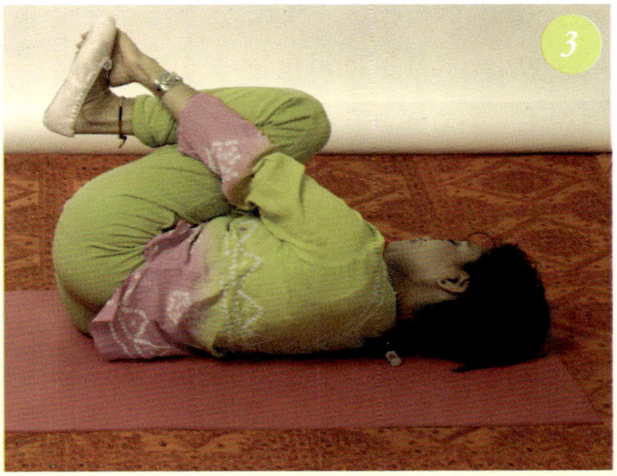
3

Bağırsak egzersizlerini tamamladınız. Sırt üstü yatar vaziyetten, oturur vaziyete geçerken acele etmeyin. Önce sağ veya sol tarafınıza doğru yaslanın. Ellerinizden destek alarak belinizi zorlamadan yerden kaldırın. Bacaklarınızı dizden bükerek doğrulup oturun.

OMURİLİK EGZERSİZLERİ

Hayatta karşılaştığımız güçlükleri problem olarak görmeyelim. Aslında bu zor durumlar, kapasitemizi ve direncimizi anlayabilmemiz için birer vesiledir.

Lourdes J. D. Çabuk

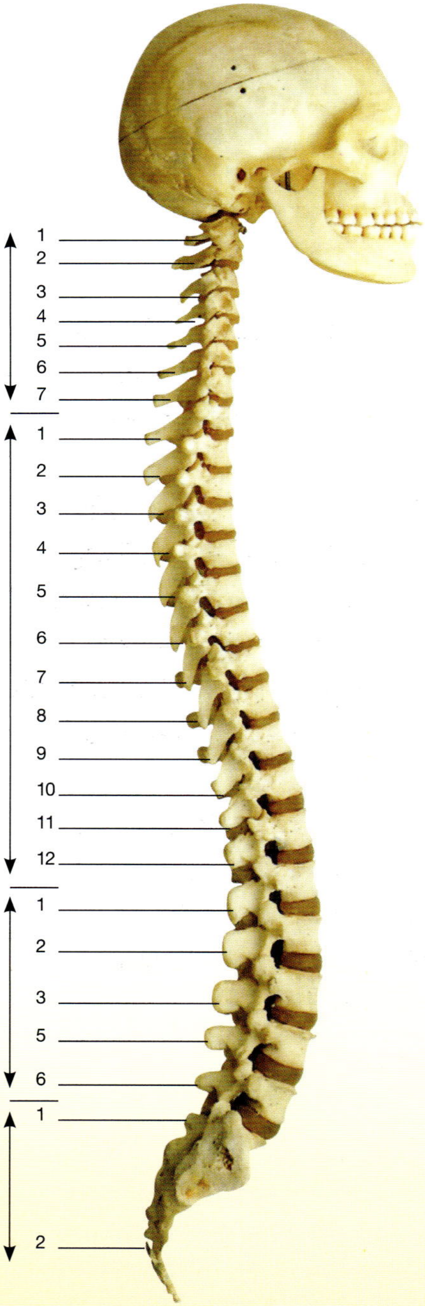

Boyun Omurlarındaki Kireçlenmenin Neden Olduğu Hastalıklar

1. omur: Baş ağrısı, sinir bozukluğu, uyuyamama, migren, sara, yüksek tansiyon, yorgunluk, baş dönmesi.
2. omur: Sinüzit, alerji, sağırlık, görme bozukluğu, kulak ağrısı, bayılma, bazen körlük.
3. omur: Kol ve yüzde nevralji, yüzde sivilce.
4. omur: Saman nezlesi, öksürük.
5. omur: Laranjit, boğaz ağrısı, burun akıntısı, anjin.
6. omur: Sırt ağrıları, kollarda ağrı, bademciklerde şişme.
7. omur: Nezle, tiroid bozukluğu.

Sırt Omurlarındaki Kireçlenmenin Neden Olduğu Hastalıklar

1. omur: Astım, öksürük, solunum bozukluğu, kol ve ellerde ağrılar.
2. omur: Kalp bozukluğu, göğüs ağrısı.
3. omur: Bronşit, zatürre.
4. omur: Safra kesesinde rahatsızlık, sarılık.
5. omur: Karaciğer bozukluğu, kansızlık, dolaşım bozukluğu, tansiyon düşüklüğü.
6. omur: Mide bozuklukları, hazımsızlık.
7. omur: Şeker hastalığı, mide ülseri, gastrit.
8. omur: Kan bozukluğu, hıçkırık.
9. omur: Alerjiler.
10. omur: Böbrek bozuklukları, damar sertliği, sürekli yorgunluk, nefrit.
11. omur: Bazı cilt bozuklukları, sivilce, kırışıklıklar.
12. omur: Bağırsaklarda gaz. Bazılarında kısırlık.

Kalça Omurlarındaki Kireçlenmenin Neden Olduğu Hastalıklar

1. omur: Peklik, kolit.
2. omur: Apandisit, kramplar, varis.
3. omur: Mesane rahatsızlığı, âdetlerde düzensizlik, erken menopoz, iktidarsızlık, idrarını tutamama, dizlerde ağrılar.
4. omur: Siyatik, lombago, sık idrara çıkma.
5. omur. Bacaklarda dolaşım bozukluğu, ayaklarda üşüme, bacaklarda zayıflama.

Kuyruk Sokumu Omurlarındaki Kireçlenmenin Neden Olduğu Hastalıklar

1. omur: Kuyruk sokumunda ağrılar.
2. omur: Basur, makatta kaşıntı, kalın bağırsağın son kısmında ağrı.

OMURİLİĞİNİZİ ÇALIŞTIRIN

Yogaya göre vücudun üç temel organından biri olan omurilik, vücudumuzun birçok bölgesini yansıtan bir ayna gibidir. Omurilikteki sağlık problemleri, diğer organlarımızı ve genel sağlık durumumuzu etkiler. Sol sayfadaki şemada, omurlik kireçlenmesinin vücutta ne gibi sağlık problemlerine neden olduğunu görebilirsiniz.

Yukarıda sıralanan sağlık problemleri, kireçlenme neticesinde ortaya çıkabilen rahatsızlıklardır. Bunların yanı sıra boyun omurlarının maruz kaldığı yaralanmalar, vücudumuzda çok ciddi sağlık sorunlarına neden olur. Örneğin 1. ve 2. boyun omurlarının zorlanması; gözler, boyun, akciğer, karaciğer, kalp, dalak, böbrek, boğaz, dişler, burun ve kulakta rahatsızlıklara sebep olacaktır. Aynı şekilde akciğerde bir rahatsızlık olursa bunun sebebini 2. ve 5. veya 4. ve 10. sırt omurlarında aramak gerekir. Bu omurlardaki zedelenmeler idrar kesesi, apandisit, iktidarsızlık, erkeklerde prostat bezi ve kadınlarda rahimle ilişkili hastalıklara da sebebiyet verir.

Sağlıklı bir omuriliğe sahip olmak için düzenli ve doğru egzersiz yapmak gerekir. Bu bölümde bir dizi omurilik egzersizi öğreneceksiniz. Fotoğrafların yardımıyla bu egzersizleri kolayca uygulayabilirsiniz. Egzersizleri düzenli olarak yaparsanız kısa bir süre içinde boyun, bel ve sırt ağrılarından kurtulabilirsiniz. Ayrıca cildinizin daha canlı göründüğünü ve genel sağlık durumunuzun iyileştiğini fark edeceksiniz.

1. *Omurilik Egzersizi*

BOYUN

- Bacaklarınız açık vaziyette tabureye oturun.
- Dirseklerinizi dizlerinize dayayın ve ellerinizi birleştirin.
- Omurganızı kalçadan omuzlara kadar dik tutarak başınızı rahatça aşağı sarkıtın.
- Bu pozisyonda 3 defa derin nefes alıp verin.
- Tekrar derin bir nefes alın, nefes verirken başınızı kaldırmadan, hafifçe sağa doğru çevirin.
- Pozisyonu bozmadan 3 defa derin nefes alıp verin.
- Tekrar derin bir nefes alın, nefes verirken başınızı ortaya getirin, bu pozisyonda 1 defa derin nefes alıp verin.
- Tekrar derin bir nefes alın, nefes verirken başınızı kaldırmadan, hafifçe sola doğru çevirin.
- Pozisyonu bozmadan 3 defa derin nefes alıp verin.
- Tekrar derin bir nefes alın, nefes verirken başınızı kaldırmadan ortaya getirin.
- Bu pozisyonda 1 defa derin nefes alıp verin.

Uyarı: Boyun rahatsızlığı olanlar, bu hareketi doktora danışmadan yapmamalıdır.

1

2

3

4

2. *Omurilik Egzersizi*

SIRT

- Dirseklerinizi dizlerinize dayayın.
- Ellerinizi göğsünüzde kavuşturun. Göğsünüzü dizlerinize dayayarak hareket edin.
- Omurganız düz vaziyette, başınızı rahatça aşağı doğru eğin. Omuzların kalkmamasına, sırtınızı kamburlaştırmamaya ve öne doğru fazla eğilmemeye dikkat edin.
- Bu pozisyonda 3 defa derin nefes alıp verin.
- Derin bir nefes alın, nefes verirken başınızı sağa doğru çevirin.
- Bu pozisyonda 3 defa derin nefes alıp verin.
- Tekrar derin bir nefes alın, nefes verirken başınızı ortaya getirin. Derin bir nefes alıp verin.
- Tekrar derin bir nefes alın, nefes verirken başınızı sola doğru çevirin.
- Bu pozisyonda 3 defa derin nefes alıp verin.
- Derin bir nefes alın, nefes verirken başınızı ortaya getirin. Bir derin nefes alıp verin.

Uyarı: Boyun rahatsızlığı olanlar, bu hareketi doktora danışmadan yapmamalıdır.

1

2

3

4

3. *Omurilik Egzersizi*

KALÇA

- Bacaklarınızı genişçe açarak tabureye oturun. Omurganızı, kalçanızdan boyunuzu kadar, dik tutun.
- Ellerinizi destek olarak dizlerinize dayayın, vücudunuzun üst kısmını belinizden ve kalçanızdan bükerek aşağı doğru sarkıtın. Belinizi zorlamamaya dikkat edin.
- Kollarınızı aşağı sarkıtın ve dirsekten bükerek kavuşturun.
- Baş, boyun ve omuzları aşağı sarkıtarak tamamen rahat bırakın.
- Bu pozisyonda 3 defa derin nefes alıp verin. Nefes verirken vücudunuzu tamamen aşağı doğru sarkıtın.
- Derin bir nefes alın, nefes verirken vücudunuzun üst kısmını sağ tarafa doğru çevirin, sağ dirseğinizi sağ dizinize yapıştırın.
- Bu pozisyonda 3 defa nefes alıp verin.
- Tekrar derin bir nefes alın, nefes verirken kollarınızı ve bütün vücudunuzu tekrar ortaya getirin.
- Bir defa nefes alıp verin. Tekrar derin bir nefes alın, nefesinizi verirken bütün vücudunuzu sol tarafa doğru çevirin, sol dirseğinizi sol dizinize yapıştırın.
- Bu pozisyonda 3 defa derin nefes alıp verin.

Uyarı: Yüksek tansiyon, beyin, mide asiti veya reflü, kulak ve bel rahatsızlığı olanlar, bu hareketi doktora danışmadan yapmamalıdır.

1

2

3

4

KALKIŞ

• Tekrar derin bir nefes alın, nefes verirken kollarınızı ve bütün vücudunuzu ortaya getirin.

• Ellerinizi dizlerinize dayayın. Yavaş yavaş kalkarken sırasıyla önce belinizi ve karın bölgenizi, sonra göğsünüzü ve boynunuzu kaldırın. Kollarınızın tamamen gerildiğini hissedin. Başınızı ve boynunuzu tavana doğru uzatın. Derin bir nefes alın, 5 saniye nefesinizi tuttuktan sonra yavaş yavaş verin.

3

4

5

6

GÜZELLİK-GENÇLİK & YÜZ YOGASI GELİŞİM PROGRAMI

- Nefes egzersizlerini her sabah düzenli olarak yapın. Ayrıca gün içinde vakit buldukça oturarak ve ayakta yapabilirsiniz.
- Günde 1½ litre su için.
- Bol bol meyve ve sebze yiyin.
- Önerilen yüz ve vücut hareketlerini yapın.
- İhtiyaç duyduğunuz yüz hareketlerinden oluşan programınızı 6 gün uygulayın.
- 7. gün hiç yüz hareketi yapmayarak yüzünüzü dinlendirin.
- 7. günde nefes egzersizleri başta olmak üzere, fiziksel sağlık hareketleri ile estetik vücut hareketlerini yapabilirsiniz.

GENÇLİK YOGASI

Kadın sadece bir sevgili değildir,
Kadın Hakk'ın ışığıdır, nurudur.
Sanki o mahlûk (yaratılmış) değil de
halîktır (yaratandır).

Mevlânâ Celâleddin-i Rûmi

HAREKET EDİN, GEVŞEYİN ve GENÇLEŞİN

Her gün düzenli olarak yüz egzersizlerini yaparak yaşlanma etkilerini hafifletebilir, hatta 10 yaş genç görünmeyi başarabilirsiniz. Yüz hareketlerine ilave olarak yapacağınız nefes, bağırsak ve omurilik egzersizleri ise sağlıklı ve güzel bir cilde kavuşma sürecini hızlandıracaktır. Bu hareketler aynı zamanda vücudunuzun genel sağlığı için yapılması gereken egzersizlerdir.

Güzel bir yüz ve sağlıklı bir vücuda sahip olmayı hepimiz isteriz. Öte yandan, şekilli bir vücudumuz olmadan kendimizi güzel hissetmeyeceğimizi çok iyi biliriz. Aşağıda, şekilli bir vücuda sahip olmak için yapmanız gereken temel hareketler dizisini içeren bir egzersiz programı sunuyoruz. Bu egzersizleri düzenli olarak yaptığınızda vücudunuzun esnekleştiğini ve kısa bir süre içinde şekle girdiğini göreceksiniz.

Vücut şekillendirici egzersiz dizisini sunmadan önce, yukarıda bahsettiğimiz yoganın beş prensibinin başında yer alan Doğru Gevşeme'nin ne anlama geldiğini hatırlayalım. Vücutta ve zihinde tam bir sükûnun hüküm sürmesi anlamına gelen doğru gevşeme sayesinde, stresin neden olduğu ağrıları ve duruş bozukluklarını engelleyebiliriz. Böylece egzersiz yapmadığımız zamanlarda bile, doğru gevşeme prensibine sadık kalarak güzellik ve sağlığımızı korumuş oluruz.

KASILMIŞ

Kasılmış kas.
Uzun süren gerginlik, kasları yorar.

GEVŞEK

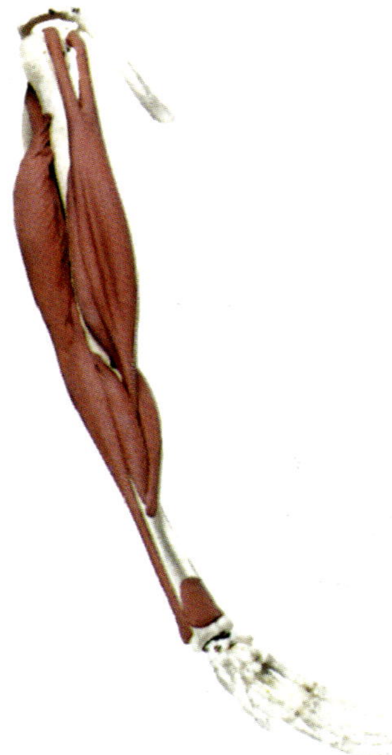

Eğitimli kaslar,
çalışmadıkları zaman gevşerler.

Doğru Gevşeme:

Yoganın beş prensibinden biri olan doğru gevşemeyi hayata geçirmek için kaslarımızın nasıl çalıştığını öğrenmeniz gerekir.

Kaslarımızı çalışmaya hazır halde tutarken, çalışırken harcadığımız enerjiden çok daha fazlasını harcarız. Bu da kaslarımızın üzerine, gereğinden fazla bir stresin binmesine neden olur. Bu durumda kaslarımız gevşeyemez. Kaslarınızı çalıştırmadığınız zamanlarda gergin tutmak yerine, gevşemelerine izin verirseniz çok daha etkin işlev gördüklerini fark edeceksiniz.

1. *Egzersiz*

KANGURU DURUŞU

(göğüs kafesinin genişlemesini ve göğüslerin şekillenmesini sağlayacak bu hareketten hem kadınlar hem de erkekler fayda görecektir)

- Bacaklarınızı omuz hizasında açın.
- Bacaklarınızı kırmadan ve sırtınızı dik tutarak öne doğru eğilin.
- Ellerinizi birbirine kenetleyin.
- Derin bir nefes alın, nefes verirken avuçlarınızı birbirine kuvvetlice bastırın.
- Bu hareketi en az 7 defa tekrarlayın

Uyarı: Bel rahatsızlığı olanlar bu hareketi sandalyede oturarak yapabilirler.

1

2

3

2. *Egzersiz*

KEDİ DURUŞU

(omurga, göğüs ve iç organlar için)

- Yerde, ellerinizi ve dizlerinizi eşit miktarda açarak dört ayak pozisyonunda durun.
- Nefes alın, başınızı yukarı kaldırın ve ensenize doğru esnetin. Bu arada beliniz yere doğru çöksün ve kalçanız yukarıda kalsın.
- Nefes verirken başınızı yere eğin, karnınızı içinize çekip sıkın. Sırtınızı kedi gibi yukarı kaldırın.
- Bu hareketi 7 defa tekrarlayın.

3. *Egzersiz*

ÇİFTE ATMA

(kalça ve bacakların şekillenmesi için)

- Elleriniz ve dizlerinizin üzerinde, dört ayak pozisyonunda durun, belinizi düz tutun.
- Nefes alırken sağ dizinizi çenenize doğru çekin. Nefes verirken sağ bacağınızı arkaya-yukarı doğru uzatabildiğiniz kadar uzatın. Ayak parmaklarınızı da uzatın. 7'ye kadar sayıncaya dek bu şekilde durun.
- Bacağınızı tekrar göğsünüze çekerken nefes alın. Arkaya uzatırken nefes verin. 7'ye kadar sayıncaya dek bu şekilde durun.
- Bu hareketi 7 defa tekrarladıktan sonra bacağınızı değiştirin.

4. *Egzersiz*

KÖPEK DURUŞU

(kalça ve bacakların şekillenmesi için)

- Elleriniz ve dizlerinizin üzerinde, dört ayak pozisyonunda durun.
- Sağ bacağınızı, tıpkı köpeklerin yaptığı gibi, dizden bükülü halde, yere paralel olarak sağa kaldırın.
- Sonra yere paralel olarak yana doğru uzatıp gerin. 7 saniye bu şekilde bekleyin.
- Nefes verirken önce bacağınızı dizden bükün, sonra da dört ayak pozisyonuna geri dönün.
- Hareketi diğer bacağınıza da uygulayın. 7'şer defa tekrarlayın.

1

2

1

2

5. *Egzersiz*

BEBEK YÜRÜYÜŞÜ

(ince bir bel için)

Bu hareket başta omurga olmak üzere bütün iç organlara hafif bir doğal masaj uygular. Kan dolaşımı ve sindirimin düzenlenmesine, siyatik şikâyetlerinin hafiflemesine yardımcı olur.

- Kalçanızın üzerinde oturun. Kolları göğsünüzün üzerinde kavuşturun.
- Kalça ve bacaklarınızın üzerinde, dizlerinizi kırmadan 7 adım ileri doğru yürüyün ve 7 adım geri gelin.
- Hareket sırasında sağ bacağınızı ve kalçanızı öne doğru uzatırken, vücudunuzu ve kollarınızı sola doğru çevirin. Sol bacağınızı ve kalçanızı öne doğru uzatırken de vücudunuzu ve kollarınızı sağa doğru çevirin.
- Bu hareketi 7 defa tekrarlayın.

6. *Egzersiz*

YARIM KÖPRÜ DURUŞU

(idrar kesesi, cinsel organlar ve kalın bağırsak için)

- Sırt üstü uzanın. Dizlerinizi bükerek bacaklarınızı omuz genişliğinde açın.
- Kollarınızı iki yana uzatın ve ayak bileklerinizi tutun.
- Derin nefes alırken kalçalarınızı kaldırabildiğiniz kadar yukarı kaldırın ve kalça kaslarınızı sıkıştırarak sıkın.
- Anüs ve karın kaslarını içe doğru çekip nefesinizi tutun.
- Bu pozisyonda kalarak 7'ye kadar sayın.
- Nefes verirken kalçanızı başlangıç pozisyonuna indirin. Bu hareketi 7 defa tekrarlayın.
- Sekizinci defa kalçanızı kaldırdığınızda bu pozisyonda kalın ve 20 defa hızlı bir şekilde karından körük nefesi alıp verin.
- Dinlenme pozisyonunda gevşeyin. (bkz. s.124)

Uyarı: Mide asidi ve reflü problemi olanlar bu hareketi kendilerini zorlamadan yapmalıdır. Regl döneminde ve tok karnına yapılmaması tavsiye edilir.

7. *Egzersiz*

KANAT ÇIRPMA

(kolların üst bölgesini şekillendirmek ve sarkmasını engellemek için)

- Kollarınızı vücudun iki yanında sarkıtın. Kollarınızı arkaya doğru itin, göğsünüz öne çıksın.
- Parmaklarınızı birleştirin, avuç içleriniz öne tarafa baksın.
- Kollarınızı iki yana doğru, kanat çırpar gibi en az 100 defa kaldırıp indirin.

GÜNEŞ ve AYA SELAM (Surya Namaskar)

Güneş ve Aya Selam, sağlıklı ve formda kalmak için Doğu'da yüzyıllardır yapılan bir hareket dizisidir. Güneş ve ay, hayat enerjisinin kaynağı kabul edilir. Güneş, eril enerji *yang*'ı simgeler; ay ise dişil enerji *ying*'i temsil eder. Sabah ve akşam yapabileceğiniz bu hareket dizisi sayesinde vücudunuzdaki pozitif *yang* ve negatif *yin* enerjileri birbirini dengeler. Böylece aynı anda hem sağlık, canlılık ve coşku bulabilir hem de huzur ve dinginliğe kavuşabilirsiniz.

Otuz kadar pozisyondan oluşan bu hareket dizisini rahat, akıcı ve zarif bir şekilde; doğru nefes alıp vermeye dikkat ederek yapmaya çalışın. Bir seriyi tamamlamak için bütün hareketleri arka arkaya yapmalısınız. Kuvvet ve dayanıklılığınıza göre, bu seriden birkaç tane yapabilirsiniz.

Bu hareket dizisini yaparken vücudunuzda bulunan 100'den fazla adale işler, vücudunuz alabildiğince esner ve bütün vücut, esaslı bir egzersiz yapmış olur. Vücudun fiziksel ve enerji boyutundaki dengesi sağlanır. Her gün düzenli olarak Güneş ve Aya Selam hareket dizisini yaparken temel sağlık kurallarına da uyarsanız zinde, esnek ve çevik bir vücuda kavuşursunuz.

1. Ayaklarınızı hafifçe açın ve ellerinizi göğüste birleştirin. Gözleriniz kapalıyken derin nefes alıp verin.

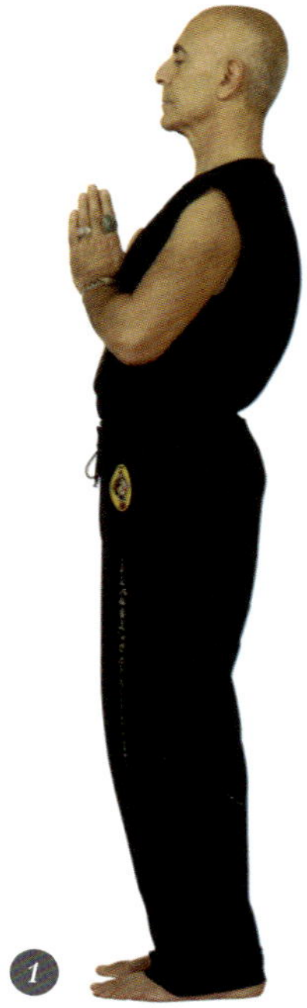

2. Tekrar derin bir nefes alırken ellerinizi yavaşça öne, sonra yukarıya doğru kaldırın.

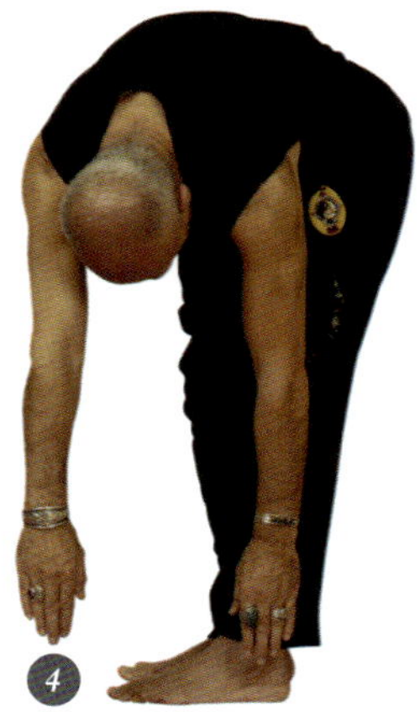

3. Nefes verirken ellerinizi yavaşça aşağıya, yere doğru indirin. Vücudunuzu tamamen aşağıya doğru bırakın. Bu pozisyonda biraz beklerken 3 normal nefes alıp verin.
4. Şimdi sağa ve sola yavaşça sallanın. Nefes alırken sağa, nefes verirken sola, 3'er defa sallanın.

6. Tekrar nefes alın ve sağ bacağınızı arkaya uzatın. Nefes verirken sağ dizinizi yere koyun ve sağ ayağınızı içeriye doğru çevirin.

5. Tekrar nefes alırken ayak parmaklarınızı tutun (tutamıyorsanız veya bel probleminiz varsa dizlerinizi bükün). Karşıya bakın ve dilinizi üst damağınıza yapıştırın. Bu pozisyonda 3 derin nefes alıp verin.

7-8. Nefes alırken, kollarınızı iki yandan yukarıya, tavana doğru uzatın. Ellerinizi birleştirerek yukarıya bakın. Nefes verirken ellerinizi aşağıya, kalbe doğru indirin.

9

10

9. Nefes alın, kollarınızı arkada birleştirin, hafifçe arkaya yaslanın, yukarıya bakın ve nefes verin. Nefes alın, nefes verirken ortaya doğru dönün.

10. Nefes alın, nefes verirken sağa doğru dönün ve arkaya bakın. Nefes alın, nefes verirken ortaya doğru dönün.

11

11. Nefes alın, nefes verirken sola doğru dönün ve arkaya bakın. Nefes alın, nefes verirken ortaya doğru dönün.

12

12. Nefes alın ve nefes verirken ellerinizi sol ayağınızın yanına, yere koyun.

13

13. Nefes alın, sol bacağınızı arkaya uzatın ve nefes verirken tabanlarınızı yere yapıştırın.

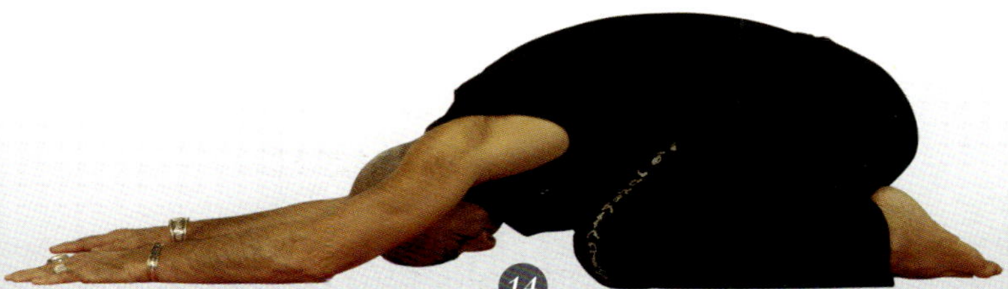

14

14. Nefes alın, nefes verirken dizlerinizi bükerek yere indirin, omuz hizasında açın ve yere kapanın. Kollarınızı uzatın, alnınızı yere koyun. Bu pozisyonda 3 derin nefes alıp verin.

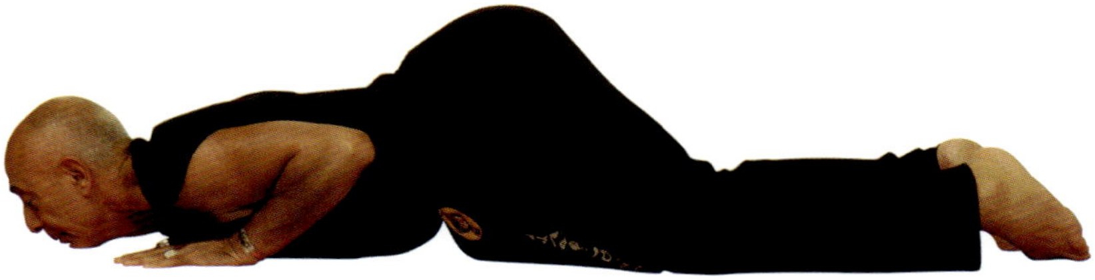

15

15-16. Tekrar nefes alın, nefes verirken yılan gibi öne doğru kıvrılıp başınızı kaldırın. Vücudunuzun üst kısmını yukarıya doğru kaldırın. Bu pozisyonda, kollarınızı kırmadan ve omuzlarınızı kaldırmadan 3 derin nefes alıp verin. (Bel problemi olanlar, dirsekleri ve dirsekten aşağısını yere dayayarak destek almalı; vücudun üst kısmını fazla kaldırmadan 3 derin nefes alıp vermeliler.)

16

17

17. Tekrar nefes alın ve ayaklarınızı açın. Nefes verirken kalçanızı kaldırın, başınızı aşağıya sarkıtarak teslim olun. Bu pozisyonda 3 derin nefes alıp verin.

18. Tekrar nefes alırken sağ ayağınızı öne getirin. Nefes verirken sol dizinizi yere koyun ve sol ayağınızı içeriye doğru çevirin.

18

19

20

19-20. Tekrar nefes alın, iki kolunuzu birden yukarıya kaldırın, ellerinizi havada birleştirin ve yukarıya bakın. Nefes verirken ellerinizi aşağıya, kalbe doğru indirin.

21. Tekrar nefes alırken kollarınızı arkada birleştirin, hafifçe arkaya yaslanın, yukarıya bakın ve nefes verin. Tekrar nefes alın ve nefes verirken doğrulun.

22. Nefes alın ve nefes verirken sola doğru dönün, arkaya bakın. Nefes alın ve nefes verirken ortaya dönün.

23. Nefes alın ve nefes verirken sağa doğru dönün ve arkaya bakın. Nefes alın ve nefes verirken ortaya doğru dönün.

24. Nefes alın ve nefes verirken ellerinizi sağ ayağınızın yanında yere koyun. Nefes alın ve sol ayağınızı öne, sağ ayağınızın yanına getirin.

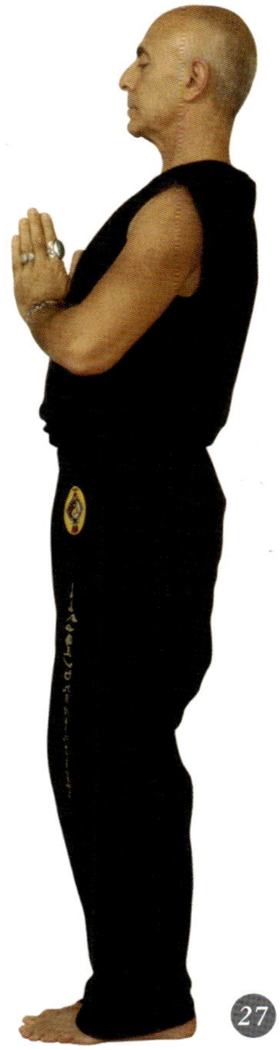

25-26. Nefes verirken dizlerinizi bükün ve nefes alırken kollarınızı iki yandan yavaşça yukarıya doğru uzatarak kalkın, ellerinizi havada birleştin ve yukarıya bakın.

27. Nefes verirken ellerinizi aşağıya, kalbe doğru indirin. Ellerinizi göğsünüzün üzerinde birleştirin. Son defa derin nefes alıp verin.

*** Bu hareket dizisini, 6. ve 18. numaralı adımlarda sol bacağınızı kullanacak şekilde tekrar yapın. Böylelikle bir seriyi tamamlamış olacaksınız. Güneş ve Aya Selam hareket dizisini 3 seri şeklinde yapmanızı tavsiye ediyoruz.

Dinlenme Pozisyonu (Shavasana)

- Sırt üstü yerde uzanın. Gözlerinizi kapayın.
- Bacaklarınızı omuz hizasında açın.
- Kollarınızı vücudunuzun iki yanından 20-30 cm uzaklaştırın.
- Avuçlarınız tabanlarınıza bakacak şekilde, ellerinizi rahat bırakın.
- Bütün vücudunuzu gevşeterek 3 derin nefes alıp verin
- 3 nefes daha alıp verin. Her nefes verişte vücudunuzu gevşetin ve tamamen rahat bırakın.

- Doğal nefes alıp verin. Rahatça zihninizi boşaltın. Hiçbir şey düşünmeyin. Hiçbir şey istemeyin.
- Zihninizi kontrol etmek için iki kaşınızın arasının, burnun başladığı yerin içine baktığınızı hayal edin. Bu sırada sadece nefesinizi takip edin.
- Bu şekilde en az beş dakika kalın. Sonra meditasyon yapmak üzere yavaş yavaş kalkıp oturun…

Faydaları:

Dinlendirir, tazeler ve canlandırır. Vücut, zihin ve ruhu bir dengede buluşturur. Gerginlikten kurtulup, savunma mekanizmalarını bir kenara bırakırken aynı zamanda tamamen uyanık olmanızı sağlar, bilincinizi açar. Daha önce yapmış olduğunuz egzersizlerin olumlu etkilerini sindirmenizi sağlar.

Kan dolaşımını güçlendirir, tansiyonu düzenler, yorgunluğu azaltır ve zihne sükûnet verir. Meditasyon öncesi bir hazırlık aşaması niteliğindedir. Dikkatinizi kendi içinize yöneltmenize yardımcı olur. Fiziksel, zihinsel ve ruhsal rahatsızlıklarda terapi etkisi görür.

MEDİTASYON ÖNCESİ NEFES (PRANAYAM)

Meditasyona başlamadan hemen önce, Şifa Veren El Pozisyonları Mudralar bölümünden (s.131) seçeceğiniz bir mudrayı uygulayarak aşağıda tarif edilen "pranayam" nefes egzersizini yapmanızı tavsiye ediyorum.

- Şifa Veren El Pozisyonları bölümünden (s.131) dilediğiniz bir mudrayı seçin.
- Öncelikle nefes vererek ciğerlerinizi tamamen boşaltın.
- Gözlerinizi kapayın ve içinizden 4'e kadar sayarak nefes alın.
- 4'e kadar sayarak nefesinizi tutun.
- 4'e kadar sayarak nefesinizi verin.
- 4'e kadar sayarak bekleyin.
- Yukarıda tarif edilen meditasyon nefesi dizisini en az 7 defa tekrarlayın.

MEDİTASYON

- Şimdi 1. El Pozisyonu olan Meditasyon Mudrası'nı uygulayın.
- Doğal nefes alıp verin, kuş gibi hafif nefes alıp verdiğinizi hayal edin.
- Gözleriniz kapalı bir halde rahatlayın ve zihninizi boşaltın. Hiçbir şey düşünmeyin, hiçbir şey istemeyin.
- Zihninizi kontrol etmek için iki kaşın arasında, burnun başladığı yerdeki "üçüncü göz" noktasından içeri baktığınızı hayal edin ve fazla çaba sarf etmeden nefesinizi fark edin.
- Bu pozisyonda dilediğiniz kadar hareketsiz kalın.
- Bitirirken diyaframdan nefes vererek doğal, yumuşak bir sesle OM diyin.
- Nefes verirken avuçlarınızla gözlerinizi iki yana doğru sıvazlayın.
- Ellerinizi göğsünüzün üzerinde kavuşturun, başınızı hafifçe öne doğru eğerek meditasyonu bitirin.

Burada gizli birisi var. Kendini yalnız sanma!
O'nun kulağı pek hassastır, keskindir.
Sakın kötü sözler söyleme.

Mevlânâ Celâleddin-i Rûmi

ŞİFA VEREN EL POZİSYONLARI: MUDRALAR

Yoga geleneğinde nefes çalışmaları ve meditasyon yaparken ellere belli pozisyonlar verilir. Mudra adı verilen bu pozisyonlarla toprak, ateş, hava ve gökyüzü gibi temel yaşam elementleri temsil edilir. Bu sayede doğada mevcut olan şifa enerjisine ulaşıp hastalıklara karşı direnç kazandığımıza inanılır.
Temel elementler ile parmaklarımız aşağıdaki şekilde eşleştirilir:

Baş parmak: Ateş/güneş
İşaret parmak: Hava/nefes
Orta parmak: Gökyüzü/uzay
Yüzük parmak: Toprak/vücut

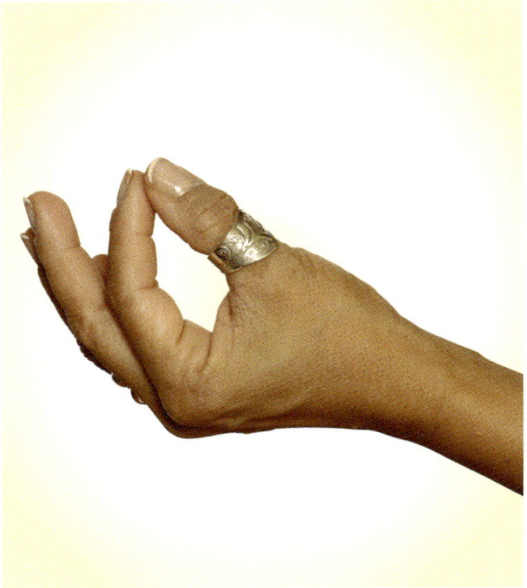

Meditasyon Mudrası:
Baş parmak ile işaret parmak birleştirilir, parmaklar birbirine bastırılmaz.

Faydaları: Beyin gücünü, konsantrasyonu ve hafızayı güçlendirir. Uykusuzluk, gerilim ve dikkat dağınıklığı durumlarında fayda sağlar. Derin meditasyonda destek sağlar.

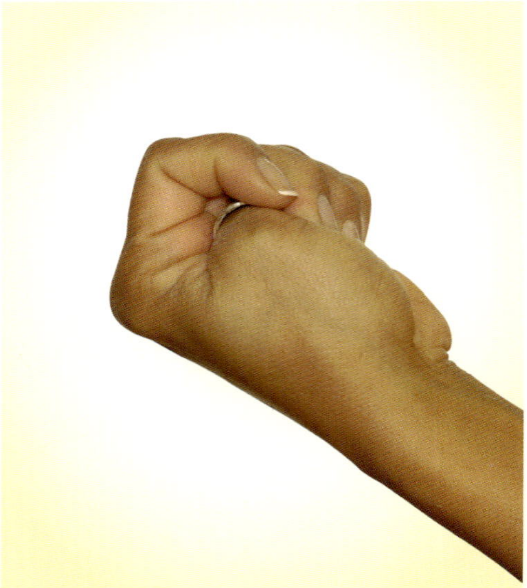

Enerji Mudrası:
Baş parmak avuç içine yerleştirilir. Diğer parmaklar baş parmağın üzerine kapanır.

Faydaları: Nefesin daha uzun süre tutulabilmesini sağlar. Kan dolaşımını güçlendirir, başta akciğerler olmak üzere bütün vücudu kuvvetlendirir. Bu mudra sayesinde daha uzun süreli ama daha kısa sayıda nefes alırız. Hint felsefesine göre yaşam süresi dakika, gün, ay ve yıllarla değil; alınan toplam nefes sayısıyla ölçülür. Dolayısıyla temiz havanın akciğerlerde uzun süre tutulmasının ömrü uzatacağına inanılır.

Sunya Mudrası: (Uzay enerjisi)
Orta parmak kıvrılarak avuç içine değdirilir. Baş parmak ile orta parmağın üzerine bastırılır.

Faydaları: Kulak ağrısı, işitme bozuklukları ve baş dönmesi gibi rahatsızlıkların tedavisine destek olur. Sonuç almak için bu mudrayı 40 ila 60 dakika muhafaza etmek gerekir.

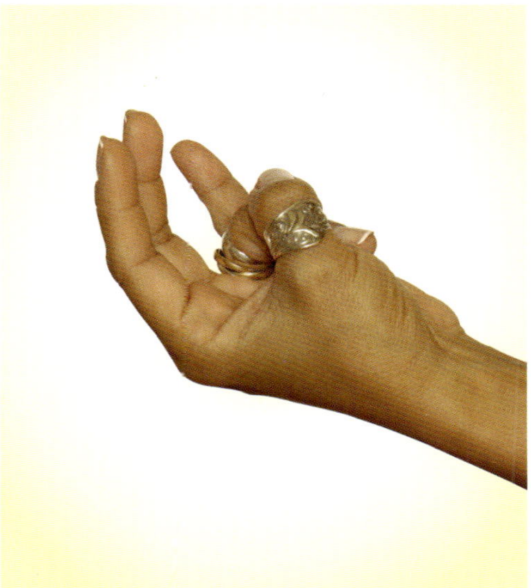

Sun Mudra: (Güneş enerjisi)
Yüzük parmak bükülür ve baş parmakla yüzük parmağın alt boğumuna, dış yüzünden basınç uygulanır.

Faydaları: Vücut ısısının artmasına, sindirimin iyileşmesine ve vücuttaki yağın azalmasına yardımcı olur.

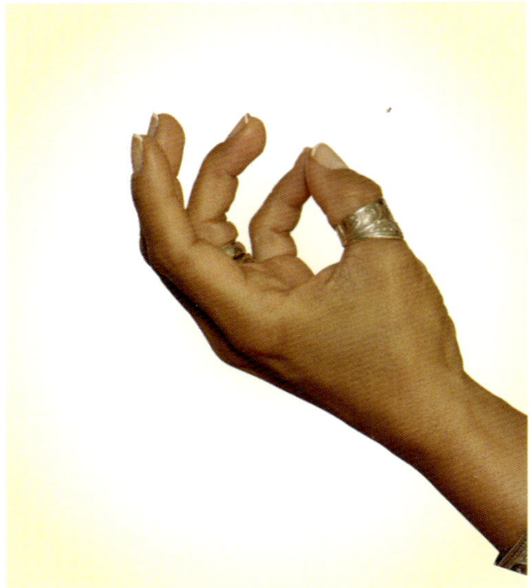

Varun Mudra: (Su enerjisi)

Serçe parmak ile baş parmak uç uca kavuşturulur.

Faydaları: Kanın temizlenmesine, cilt bozukluklarının giderilmesine destek olur, cildi güzelleştirir. Mide problemlerinin ve vücudun susuz kalmasından kaynaklanan rahatsızlıkların tedavisine yardımcı olur.

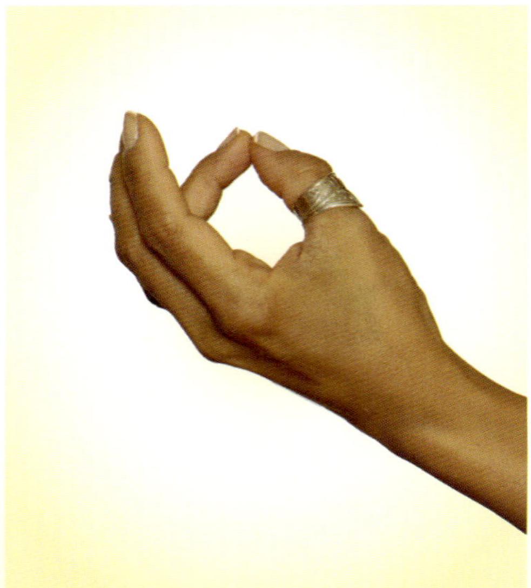

Pritvi Mudra: (Toprak ve vücut enerjisi)

Yüzük parmak, baş parmakla birleştirilir.

Faydaları: Vücudu ve zihni güçlendirir. Yaşam enerjisini artırır, nekahat dönemlerinde kuvvet verir. Zihne sükûnet sağlar.

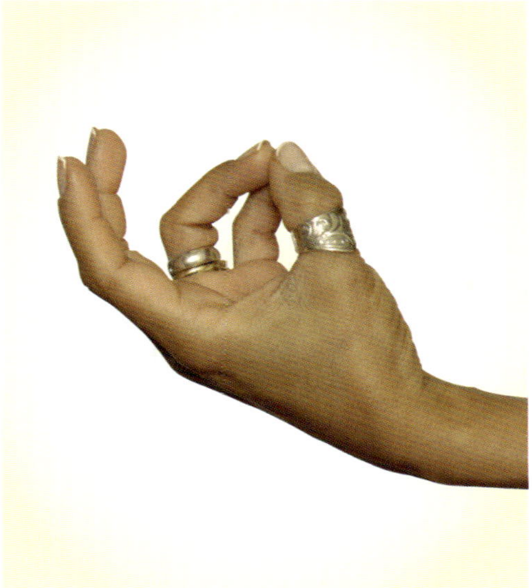

Pran Mudra (Hayat enerjisi):

Serçe parmak ile yüzük parmak bükülerek parmak uçları baş parmağın ucuna dokundurulur.

Faydaları: Yaşam enerjisini artırır. Asabiyet ve halsizliği hafifletir. Gözleri kuvvetlendirir, gözlük numaralarının azalmasına yardımcı olur.

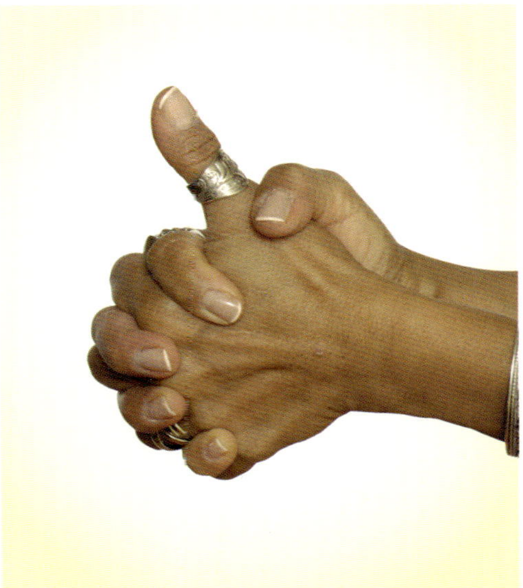

Ling Mudra:

Eller birbirine kenetlenir, avuçlar kavuşturulur. Sol baş parmak havaya dikilir; işaret parmak ve sağ baş parmakla çevresi kuşatılır.

Faydaları: Vücut direncini artırır, solunum sistemini güçlendirir. Vücuda sağladığı ısıyla fazla yağları yakar, mukusu kurutur. Uygulanan dönemde bol bol su içilmesi gerekir.

Mideni şu samandan arpadan vazgeçir;
reyhan ve gül yemeye başla! Ten midesi,
insanı samanlığa doğru çeker götürür;
gönül midesi ise reyhanlığa ulaştırır.

Mevlânâ Celâleddin-i Rûmi

DOĞRU BESLENME

Yoganın beş prensibinden birinin Doğru Beslenme olduğunu söylemiştik. Bu kitap boyunca sizlerle paylaştığım yüz yogası hareketleri; nefes, bağırsak, omurilik egzersizleri ve vücut şekillendirici egzersizlerden kısa sürede sonuç almak istiyorsanız beslenmenize de özen göstermelisiniz. Bu bölümde yoga prensiplerine paralel bir beslenme anlayışını tanımlamaya çalışacağım.

Yemek yemek sadece keyfimiz için bize bahşedilmiş bir nimet değildir. Aynı şekilde, cinselliğin anlamı da sadece zevkten ibaret değildir. Cinsellikten alınan zevki, çocuk dünyaya getirmenin bir yan etkisi olarak düşünebilirsiniz. İşte, yemek yemenin amacı da iyi bir şekilde beslenmektir; lezzet ise insanları hayatta kalmaları için yemek yemeye teşvik eden, cazip bir yan etkiden ibarettir. İnsanoğlu daima bitmez tükenmez arzuları ile hırsının kurbanı olduğundan, bu zaaflarını çok iyi bilen sömürücülerin eline düşmüştür. Bu konularda iyi bir eğitim ve sağlıklı bilgi almadığından, doğayla olan içgüdüsel bağını ne yazık ki kaybetmiştir. Öyle ki artık kendisi için neyin iyi neyin kötü olduğunu artık ayırt edemez hale gelmiştir.

Günümüzde hem Doğu'da hem de Batı'da yapılan akıllı araştırmalar insana, nasıl yaşaması gerektiğini ve sağlığını nasıl geri kazanabileceğini hatırlatmaya çalışıyor.

İnsanın beslenmesi için doğada var olan en sağlıklı yiyecekler meyve, sebze, kuru yemişler, tahıllar, otlar ve bitkilerdir. Başlangıçta bizlere yiyecek olarak bahşedilen hayat dolu, çiğ yiyecekleri ya da hiç olmazsa yarı pişmiş ya da tam pişmiş besinleri tüketirsek hem iyi besleniriz hem de hastalık kapma riski taşımadan sağlıklı yaşarız. Hayat dolu, çiğ besinlerde hayat enerjisi *prana* bulunur. Pişirilen yiyeceklerde bu enerji ölür. Elbette ki, günümüzde çiğ yiyeceklerle beslenmek, söylenildiği kadar kolay değildir. Fakat marketlerin raflarını süsleyen, hormonlu veya ilaçlı yiyecekleri ya da şeker, beyaz un, nişasta gibi işlenmiş gıdaları, pişmiş yiyecekleri ve eti daha az tüketebilirsek yaşamımızı değiştirme şansımız olur. Hastalıklardan uzak, sağlıklı bir yaşama, ancak bu şekilde kavuşabiliriz.

Sindirim ağızda başlar. Öyleyse yiyecekleri yutmadan önce iyice çiğneyerek ağzımızda çözülüp vücudumuza daha faydalı olmalarını sağlayabiliriz. Ağzımızda salgılanan salyada bulunan enzimler; nişasta, karbonhidrat ve şeker gibi yiyeceklerin sindirim sürecini başlatır. Bu nedenle yiyecekleri ağzımızda sıvı hale gelinceye kadar çiğnemeliyiz.

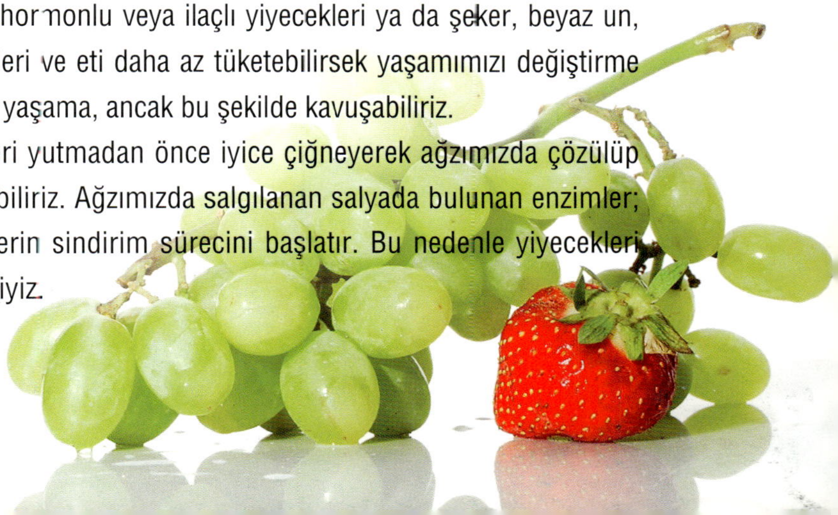

Midemiz tıka basa dolmadan sofradan kalkarsak karın kaslarımız, yiyecekleri parçalara ayırıp mide asidiyle sindirilmek üzere hazırlamak için yeterli boş alana sahip olabilir. Su içmek için en iyi zaman, yemekten 30 dakika önce veya 2 ya da 3 saat kadar sonradır. Bir öğünde çok fazla yemek yemek veya farklı protein çeşitlerini bir arada tüketmek, sindirim sürecini zorlaştıracak ve vücudu yaşlandıracaktır. Yiyecekler bağırsak duvarlarında özümsenir. Bu nedenle bağırsak duvarlarını tıkanıklıklardan ve mukustan temizlemek gerekir. Aksi takdirde ne kadar bol miktarda ve sağlıklı yiyecekler tüketirsek tüketelim, besin maddeleri bağırsak duvarlarında özümsenip kana ve hücrelere nüfuz edemeyeceğinden dolayı beslenmiş olamayız. Bu nedenle et, nişastalı besinler ve süt ürünleri gibi yapışkan ve mukus üreten yiyecekleri ölçülü, hatta olabildiğince az tüketmemiz gerekir. Bu konuyla ilgili olarak Prof. Dr. Arnold Ehret'in *Şifalı Besinler ve Mukussuz Şifa Diyeti* isimli kitabını okumanızı tavsiye ederim.

Uzun saatler araba kullanan, oturarak çalışan, hareketsiz bir yaşamı olan ve yanlış beslenen kişiler mutlaka kabızlık çekerler. Kabızlık ise insan sağlığını tehdit eden en önemli problemlerden biridir. Kabızlık durumunda zehirli maddeler düzenli aralıklarla vücuttan atılamayıp birikir ve hastalıklara neden olur. Öğünler arasında sekiz ila on bardak su içerek kabızlıktan kurtulmak mümkündür.

- Olumlu düşünün!
- Midenizdeki yiyecekleri tam olarak hazmedip tekrar açlık hissetmeden yemek yemeyin.
- Suyunuzu çiğneyin, yemeğinizi için!
- Yediğiniz nimetlere şükredin.
- İhtiyacı olanlarla yemeğinizi paylaşın.
- Peynir ve dondurma en çok şişmanlatan yiyecekler arasındadır.
- Yanmış yağ zehirli olduğundan kızartma yiyecekler son derece zararlıdır.

• Meyveyi yemekten bir saat kadar önce, aç karnına yiyin. Yemeklerden sonra ya da yatmadan önce meyve yemeyin!

• Her öğünde sebze ve salata tüketin.

• Yiyecek başka bir şey olmadığı için sağlıksız yiyecekler yemek zorundaysanız bunları aç karnına yiyin ve tamamen sindirmeden başka bir şey yemeyin.

• Tabağınıza yiyebileceğiniz kadar yemek alın. İsraf etmeyin, dünyada çok sayıda yemek bulamayan, aç insan yaşadığını unutmayın.

• Yemeği fazla kaçırdığınız günlerin ardından bir ya da iki gün sadece su, meyve/sebze suyu ve sebze çorbası içip meyve yiyerek perhiz yapın. Açlığa hiç dayanamıyorsan sadece salata veya basit ve az miktarda sebze yemekleri tüketin. Bu arada bol bol su için.

• Haftada 5 veya 6 gün, doğru zamanda ve besinleri iyi kombine ederek sağlıklı yemekler yiyin. 2 veya 1 gün ise kendinizi serbet bırakın. Az miktarda her şeyi yiyebilirsin. Bu şekilde hem vücudunuza zarar vermez hem de stresten kurtulursunuz.

• Oruç tutmak faydalıdır. Ben haftada bir gün su orucu tutuyorum. Bu şekilde hem iç organlarım dinleniyor hem de vucudum toksinleri kolayca dışarı atabiliyor. Bu orucu tutarken fazla su içmiyorum. En fazla 1.5 litre suyu, yudum yudum içiyordum. Oruç tutmak bazen baş ağrısı ve baş dönmesi yapar çünkü alışkanlıklarımızdan dolayı vücudumuz aynı saatte yemek yemek ister. Vücut o saatte depolarda kalan yiyecekleri tüketir. Tabii bu arada depolanmış toksinleri de tüketir. Bunun için baş ağrısı, baş dönmesi veya bulantı hissedebilirsiniz. Bu durumu engellemek için su içerek toksinleri yıkamak gerekir.

• Vejeteryan beslenme tarzının çeşitli faydaları vardır. Ancak kişinin hangi coğrafyada yaşadığı ve hayat tarzının vejeteryanlığa uygun olup olmadığı çok önemlidir. Örneğin Alaska'da yaşayan insanlar, o soğuk iklimde ancak et yiyerek vücut ısılarını dengede tutabilirler. Bu coğrafyada sebze de yetiştirilememektedir. Doğal olarak doğma büyüme Alaskalı olan insanlar, genetik yapıları itibarıyla dengeli beslenmek için et yeme eğilimindedirler. Öte yandan sıcak iklimlerde yaşayanlar, çok fazla kırmızı et tüketirlerse vücut çok daha çabuk yıpranır ve hastalıklar daha erken ortaya çıkar.

• Yaratıcımız sağlıklı kalmamız için bize her şeyi vermiştir. Fakat biz insanlar, kör gibi etrafımızdaki nimetleri görmüyor, üstelik bir de bilinçli ya da bilinçsiz olarak, içinde yaşadığımız dünyanın doğal dengesini bozuyoruz. Hayvanlar, tahıllar, sebze ve meyveler hava kirliliği ve küresel ısınma felaketi sebebiyle gittikçe azalıyor. Sebze ve meyveler, doğal yetiştikleri mevsimlerin dışında, seralarda yetiştiriliyor. Sığır, koyun, keçi ve tavuklar büyük çiftliklerde fabrikasyon usulüyle yetiştiriliyor. Hayvanlar depresyon, öfke ve stres altındayken kesiliyor. Bu olumsuz duygulardan etkilenen hücre yapısı ve salgılanan zararlı hormonlar, yediğimiz etin niteliğini etkiliyor.

• Her insanın soyaçekimle miras aldığı bir genetik haritası vardır. Bu genetik haritaya göre, şu anda sağlıklı olsak da bazı hastalıklara potansiyel olarak eğilimliyizdir. Örneğin dedenizde, babanızda veya annenizde akciğer hastalığı varsa siz de akciğer hastası olmaya eğilimlisinizdir. Akciğerlerinizi olumsuz etkileyecek sigara, alkol gibi her türlü kötü alışkanlıktan kaçınmaya dikkat etmeniz gererekir.

• Beslenme biçiminiz, nasıl yaşlanacağınızın da habercisidir. Karbonhidrat ve şeker ağırlıklı beslenenlerin yaşlandıkça ciltleri sertleşir, kırışıklık ve sarkmalar daha çabuk kendini gösterir.

• Vücudumuzun alkalin/asit dengesini korumak için, %80 oranında alkalin, %20 oranında asit yapan yiyeceklerle beslenmeliyiz. Asit oranı fazla olan bir vücut, hastalıkların yer etmesi için ideal bir ortam sunar. Kükürt, fosfor, iyot ve klor içeren yiyecekler vücutta asit üretir. Kalsiyum, magnezyum, potasyum, sodyum ve demir içeren yiyecekler ise vücutta alkalin oluşumuna neden olur. Doğal besinlerin çoğunda hem asit hem de alkalin üreten maddeler vardır.

• Hangi yiyecekleri birlikte tükettiğimize çok dikkat etmeliyiz çünkü farklı yiyecek gruplarının sindirilmesi için gereken enzimler, asit oranı ve sindirim süresi farklı farklıdır. Birlikte tüketebileceğiniz yiyecek gruplarının bir listesini bu bölümün sonunda bulabilirsiniz.

Bu nefis bağ gibidir, zincir gibidir; siz de o zincir ile bağlanmış birer esir gibisiniz. Zindanı delmek için elinize bir kazma alınız! Zindanı delebilirseniz padişah da siz olursunuz emir de siz olursunuz.

Mevlânâ Celâleddin-i Rûmi

NE NE İLE YENİLİR VEYA YENİLMEZ

1. Bir arada Yenilmesi Uygun Olanlar 2. Bir arada AZ Yenilmesi Uygun Olanlar (en fazla ayda 4 kere) 3. Bir arada Çok AZ Yenilmesi Uygun Olanlar (en fazla ayda 2 kere) 0. Bir arada Yenilmesi Uygun OLMAYANLAR (en fazla ayda 1 kere)	ET, TAVUK, PİLİÇ, BALIK	FASULYE (BAKLAGİLLER)	TEREYAĞI, KAYMAK
ET, TAVUK, PİLİÇ, BALIK		2	0
FASULYE (BAKLAGİLLER)	2		2
TEREYAĞI, KAYMAK	0	2	
YOĞURT	0	2	0
BİTKİ YAĞLARI	1	1	0
ŞEKER VE ŞEKERLİ HER ŞEY	0	0	0
EKMEK, PATATES, PİRİNÇ, MAKARNA	3	3	2
EKŞİ MEYVELER, DOMATES SALÇASI	3	3	3
TATLI MEYVELER	0	0	3
NİŞASTASIZ SEBZELER	1	1	1
NİŞASTALI SEBZELER (Kökler, karnabahar vs.)	2	1	1
SÜT	3	3	3
ÇÖKELEK, SÜTLÜ GIDALAR	3	3	3
PEYNİRLER	0	3	0
YUMURTA	0	0	0
CEVİZ, FINDIK, BADEM, FISTIKLAR	0	0	3

YOĞURT	BİTKİ YAĞLARI	ŞEKER VE ŞEKERLİ HER ŞEY	EKMEK, PATATES, PİRİNÇ, MAKARNA	EKŞİ MEYVELER, DOMATES SALÇASI	TATLI MEYVELER	NİŞASTASIZ SEBZELER	NİŞASTALI SEBZELER (Kökler, karnabahar vs.)	SÜT	ÇÖKELEK, SÜTLÜ GIDALAR	PEYNİRLER	YUMURTA	CEVİZ, FINDIK, BADEM, FISTIKLAR
0	1	0	3	3	0	1	2	3	3	0	0	0
2	1	0	3	3	0	1	1	3	3	3	0	0
0	0	0	2	3	3	1	1	3	3	0	0	3
	3	3	2	2	3	1	1	0	0	0	0	0
3		3	1	2	3	1	1	0	0	0	2	1
3	3		3	3	3	2	3	3	3	3	0	3
2	1	3		3	3	1	1	3	3	2	3	3
2	2	3	3		3	2	3	0	3	3	0	3
3	3	3	3	3		2	3	3	3	3	0	3
1	1	2	1	2	2		1	3	2	1	1	1
1	1	3	1	3	3	1		2	2	2	3	1
0	0	3	3	0	3	3	2		0	0	0	0
0	0	3	3	3	3	2	2	0		1	3	3
0	0	3	2	3	3	1	2	0	1		0	3
0	2	0	3	0	0	1	3	0	3	0		0
0	1	3	3	3	3	1	1	0	3	3	0	

3 HAFTALIK ARINMA ÇAYI (DETOKS) PROGRAMI

- 2 su bardağı su
- 1 demet taze maydanoz
- 1 avuç enginar yaprağı
- 1 tutam mısır püskülü
- 1 tutam kiraz sapı
- 4 adet avokado yaprağı

Suyu kaynattıktan sonra malzemeleri suya ilave edin. 2 dakika daha kaynatıp tencereyi ateşten alın.

Uygulama:
1. hafta: Yatmadan 1-2 saat önce 1 bardak ve sabah uyandıktan sonra tekrar 1 bardak arınma çayı için. Bu uygulamayı hafta boyunca toplam 4 defa olmak üzere, gün aşırı tekrar edin.
2. hafta: Yatmadan 1-2 saat önce 1 bardak ve sabah uyandıktan sonra tekrar 1 bardak arınma çayı için. Bu uygulamayı hafta boyunca toplam 2 defa olmak üzere, iki günde bir tekrar edin.
3. hafta: Yatmadan 1-2 saat önce 1 bardak ve sabah uyandıktan sonra tekrar 1 bardak arınma çayı için. Bu uygulamayı hafta boyunca bir defa yapın.

* Arınma/detoks programı sırasında hayvansal gıdalardan uzak durmak gerekir. Karbonhidratlardan ise ya tamamen uzak durmak ya da hiç değilse azaltmak gerekir.
Bunlar yerine, günde en az 2 litre su içerek bol sebze yiyin.
Gün boyunca sık sık derin nefes alarak esneme ve gevşeme egzersizleri yapın. Ağır iş yapmaktan kaçının.

Güzellik-Gençlik &Yüz Yogası Programına Katılanların Deneyimleri...

Derinden ve doğru nefes almakla başlar her şey. Yavaşlamayı öğrendikçe hızlı değiştiğinizi fark edersiniz. Daha dik durduğunuzu, daha az yorulduğunuzu, daha kolay mutlu olduğunuzu görürsünüz. Bir dönem derslerine katıldığım Lourdes Doplito Çabuk'un kitabında, siz de hayatınıza geçireceğiniz, değerli bilgiler bulacaksınız. Yavaşlamayı becerebilmek onlardan biri. Ancak ben kolay başarabildiğimi söyleyemem. Ama ne zaman ki derin bir nefes alarak hiçbir şeyi düşünmemeyi başarıyor ve o "bebek hareketini yapıyorum" işte o zaman her şey yolunda gidiyor. Yavaşladıkça değiştiğinizi görüyorsunuz. Güzelleşme vs. bütün bunlardan sonra geliyor.

Tuluhan Tekelioğlu/Gazeteci

Özellikle 35'imden sonra kaşımla gözümün birbirine yaklaşmasına, ağzımın kenarında oluşan çizgilere ve boynumdaki kırışıklıklara ne kadar sempatiyle bakmaya çalışsam da itiraf edeyim kabullenemiyorum. Buna rağmen, çevremdeki birçok kadının güzellik uğruna korkusuzca neşter altına yatmasına ve botoks'tan seri üretim andronid görünümüne bürünmelerine de bir türlü akıl sır erdiremiyorum. Bizler için çok daha sağlıklı ve doğal bir çözüm olması gerektiğini düşünürken hayatıma Lourdes girdi. Lourdes'le, onun verdiği bir seminer sırasında tanıştım. Kendisi kadınlara doğal yoldan nasıl sağlıklı ve güzel kalabileceklerini anlatırken kadınlar ona mıknatıs gibi yapışmışlar, her ayrıntıyı beyinlerine kazırmışçasına dinliyorlardı. Lourdes'in paylaştığı bilgiler muazzam şeylerdi ve çok mantıklıydı. Lourdes zaten 58 yaşına ve 6 torununa rağmen, söylediklerinin yaşayan bir örneği gibiydi. O gün Lourdes'in kurslarından birine katılmaya kesinlikle karar verdim.

Kursta sadece yüz kaslarını nasıl çalıştırıp kuvvetlendireceğimizi değil, aynı zamanda içimizden dışımıza doğru, nasıl sağlıklı olabileceğimizi ve zamana karşı nasıl direneceğimizi de öğrendik. Bağırsak, omurga ve nefes hareketleri sayesinde cildimin rengi ve dokusu değişti. Her gören arkadaşım, bana ne olduğunu soruyor. Kolay ve mucizevi bir şey olduğunu sanıyorsanız yanılıyorsunuz. Kurs bittiğinden beri her gün bu hareketleri yapıyorum. Sonuç mükemmel. İki sene önceki resimlerime baktığımda %70 bir fark görüyorum. Düzenli çalışmanın ödülü bu.

Esra Koyuncu/Gazeteci, yazar

Julian Lourdes Doplito Çabuk, *Siddashram Yoga Merkezi* bünyesinde *İstanbul Nişantaşı*'nda Güzellik Yogası dersleri veriyor; ayrıca *Alanya Siddashram Yoga Merkezi*'nde düzenlenen Yoga Arınma Tatillerinde Yoga eğitmenliği yapıyor.

Tel: 0212 230 15 47
GSM: 0533 682 01 74
www.siddashramyogacenter.com
beautyyoga2000@yahoo.com

Alanya, Siddashram Yoga Merkezi